La Clase Principal en la escuela Waldorf

La Clase Principal en la escuela Waldorf

Eric G. Müller

ALKION PRESS

Copyright © 2020 Eric G. Müller
Impreso en EE.UU.
Copyright © 2024 Alkion Press
ISBN: 979-8-9874429-4-4

Publicado en 2024
por Alkion Press
14 Old Wagon Road, Ghent, NY 12075
alkion-press.com

Título: La Clase Principal en la escuela Waldorf.
Autor: Eric G. Müller
Diseño de portada: Ella Manor Lapointe
Fotografía de portada: Paola Angélica Sánchez Serrano
Traducción por: Paola Angélica Sánchez Serrano

A mis alumnos, sus padres y tutores, colegas,
profesores, mentores: A todos y cada uno.

Contenido

Introducción

"Como mínimo, los adultos de la educación deben tomar nota y reconocer el valor más duradero de una educación más amplia y holística en vez de la obsesión mecánica por el rendimiento académico; simplemente no funciona con los niños". ~ Jonathan Jansen en homenaje a grandes profesores sudafricanos.[1]

GRAN PARTE DE ESTE LIBRO se escribió durante el aislamiento y confinamiento por COVID-19, que obligó al mundo a recurrir a interacciones virtuales a través de plataformas como Zoom y otras herramientas digitales. No podía dejar de pensar y ver la ironía de estar resaltando la importancia fundamental de enseñar en un entorno mientras nuestros estudiantes estaban sentados en casa navegando por el nuevo reino del aprendizaje en línea, mirando fijamente a sus compañeros y maestros, solo de hombros para arriba experimentando retrasos, mala señal, y ausencias; yo alababa las virtudes saludables de la educación holística a través del formato único de la clase principal en la escuela Waldorf. Y estaba explorando lo que significa estar juntos con los niños en un entorno vivo y explosivo en el que el maestro es capaz de medir las reacciones sutilmente cambiantes de los estudiantes a los aspectos variados de la larga clase matutina, donde pueden sentir los refinados cambios de humor y al ambiente general de sus compañeros. Una clase que de manera consciente forme un ambiente agradable y estético a través de paredes lazureadas (con colores transparentes especialmente elegidos para el grupo de edad que le corresponde), adornadas además con impresiones de imágenes significativas hechas por los grandes maestros del arte y estudiantes, al igual que dibujos en el pizarrón, diversidad de plantas aromáticas, muebles de madera y otros detalles que contengan elementos atractivos; me refería a imponderables señales tácitas de los niños y respuestas matizadas tanto de los estudiantes como de los maestros. Y, por último, que estaba escribiendo sobre un método educativo que pretende apoyar la libertad individual dentro de una comunidad basado en amor, respeto, e interacción social. Sí, esa ironía no se me perdió de vista, aunque sentí una gran pérdida.

Escribir durante la agonía de la pandemia ha subrayado la importancia de todo lo que tiene que ver con conexiones *humanas* en tiempo real, de ver y ser visto, de alumnos y maestros reunidos en nombre de los ideales más elevados, sin barreras, inmersos en el calor comunitario y de respirar el mismo aire– portador de luz, música, el habla – y disposiciones del alma. Una educación que fortalece el sistema inmune para poder protegernos de la susceptibilidad a virus externos que sin duda seguirán amenazándonos. La clase principal que incluye movimiento, música, poesía, aprendizaje imaginativo y defiende los beneficios de una vida de sueño profundo y reparador, así como una dieta nutritiva que abarca los conocidos estimulantes que favorecen al sistema inmune sano, tanto física como mentalmente .[2] En una entrevista con *Campus A, Stuttgart*, Michaela Glöckler habla de los efectos del COVID-19, afirmando: "Desde el año 1970, se sabe que nuestro sistema inmune reacciona a las emociones positivas como: alegría, devoción, humor, agradecimiento, aprecio" .[3] Y eso es exactamente lo que late a través de las clases principales - un antídoto contra el miedo y el odio que debilitan el sistema inmune.

Cada día, cuando me sentaba a escribir, tenía que pensar en los millones de estudiantes alrededor de todo el mundo, incluyendo los que van a escuelas Waldorf, a los que se les ha pedido que enciendan sus computadoras y reciban tareas y clases en línea en un entorno que no es necesariamente propicio para el aprendizaje, especialmente en áreas o comunidades de bajos recursos. Dadas las dificultades y circunstancias, muchos maestros han sido increíblemente inventivos, creativos y cariñosos, yendo más allá de sus obligaciones, dedicando interminables horas de preparación y teniendo que aprender y adaptarse a un nuevo sistema de enseñanza. Pero, cuáles deben ser los efectos en los alumnos cuando incluso los adultos sufren lo que se ha dado a conocer como "fatiga de Zoom" o "cansancio de videoconferencias".[4] Y lo que es aún más desconcertante es cuando los políticos y los adinerados en su afán por "reimaginar la educación" se centran en el aprendizaje virtual como parte de la "nueva normalidad", que desconectarían aún más a las personas unas de otras, hasta un detrimento potencialmente desastroso para la humanidad. Eso sería como caer por un agujero, en lugar de atravesar un portal a nuevas posibilidades de trabajo por un medio ambiente más limpio, con condiciones de trabajo y de vida más humanas, además de mejorar radicalmente el trato de animales. La creciente digitalización exacerbaría el sentimiento de aislamiento que muchos jóvenes ya han experimentado, dejándolos vacíos e insatisfechos, por lo que siempre están en la búsqueda de alguna sensación que llene ese vacío. De acuerdo a la Dra. Michaela Glöckler:

> Es muy importante que tengamos claro que la tecnología digital no es saludable para el desarrollo neurológico de niños y adolescentes. Tienen que pasar su desarrollo en el mundo real antes de acostumbrarse al mundo virtual [...] porque la capacidad de pensar de forma independiente requiere 16 años de desarrollo cerebral saludable. De hecho, el lóbulo frontal necesita de 15 a 16 años para desarrollarse hasta el punto en que uno posea la capacidad de autocontrol y pensamiento independiente. Para no perder de vista esto tendremos que pensar con cuidado y prestar mucha atención cuando el actual confinamiento llegue a su fin. No debemos permitirnos suponer: "ya no necesitamos muchas de las cosas del mundo real. Ahora se puede inducir a niños y jóvenes directamente al mundo en línea". Eso sería

muy malo. Y, por último, pero no menos importante, en nombre de la gestión de la pandemia, actualmente se está ensayando el paso hacia la vigilancia total - esto es simplemente un hecho - hasta el punto de imponer el confinamiento y vigilarnos a través de nuestros teléfonos móviles".[5]

Dado el surrealista telón de fondo de "Un Mundo Feliz" por Aldous Huxley, sentí mis palabras infundidas y cargadas de mayor intencionalidad. Me volví plenamente consciente de que lo que el mundo necesita, más que nunca, es una educación basada en la autenticidad y en una visión más profunda y humana. El confinamiento mundial es un síntoma de a lo que nos enfrentamos hoy y en el futuro, y de lo que vendrá hacia nosotros desde el exterior con mayor vehemencia – amenazas polifacéticas a la educación y, por tanto, al desarrollo humano. Razón de más para intensificar y ampliar nuestra comprensión de algunos de los aspectos cruciales de la pedagogía Waldorf, como, en este caso, la clase principal, que no podemos dar por hecho. La clase principal es clave para comprender y encarnar los fundamentos educativos que deben rejuvenecer la educación en el futuro. Como ya se ha aludido, no es seguro que podamos seguir enseñando de una forma tan relativamente libre en el futuro. Las restricciones gubernamentales, los medios de comunicación, las crecientes presiones sociopolíticas, los cada vez más sofisticados dispositivos y otros obstáculos han ido invadiendo lenta pero constantemente el ámbito de la educación, lo que se suma a la fragmentación ya existente en las escuelas de todo el mundo.

Soy consciente de que mis exploraciones sobre el tema de la clase principal son incompletas y están teñidas por mis propias experiencias, observaciones, inclinaciones y estudios. Aunque he intentado ser lo más exhaustivo posible, sé que los resultados no lo abarcan todo. Es necesario realizar mucho más trabajo para poder completar la imagen. Se utiliza terminología antroposófica y "Waldorf", aunque espero que la mayoría de las personas que lean este libro estén algo familiarizadas con el lenguaje. Que este proyecto anime y estimule lectores a llegar a una comprensión más completa y profunda del potencial de la clase principal y su lugar especial en la pedagogía Waldorf.

1   Jonathan Jansen con Nangamso Koza y Lihlumelo Toyana, *Great South African Teachers: A tribute to South Africa's great teachers from the people*, Johannesburg: Bookstorm and Pan Macmillan, 2011), p. 11

2   Michaela Glöckler, *"The Corona-Virus and our Human, Health-Giving Forces"*. Eine Aufnahme des Campus A, Stuttgart. https://mail.google.com/ mail/u/0/?tab=wm&ogbl#search/Andr/FMfcgXWHMsSvNKigDitZkTmWtb-pINKMT?projector=1

3   Ibid

4   Julia Sklar, *"Zoom Fatigue´is taxing the brain. Here´s why that happens"*. National Geographic. Science: Coronavirus Coverage. 24 de abril de 2020. https://www.nationalgeographic.com/science/2020/04/coronavirus-zoom-fa-tigue-is-taxing-the-brain-here-is-why-that-happens/

5   Michaela Glöckler, *"The Corona-Virus and our Human, Health-Giving Forces"*.

PRIMERA PARTE

La clase principal

"No hay reglas prescritas para la enseñanza en una escuela Waldorf, sino sólo un espíritu unificador que impregna el todo." [6] ~ Rudolf Steiner

LA "CLASE PRINCIPAL", también conocida como la "Lección de la Mañana" es exclusiva de las Escuelas Waldorf y constituye la base de la pedagogía Waldorf en todos los grados. La concentración en una materia durante varias semanas permite una mayor continuidad. Unos meses antes de la fundación de la Escuela Waldorf, Rudolf Steiner introdujo la idea de la Clase Principal en una conferencia que se llevó a cabo el 1ero de junio de 1919, en la que llama atrevidamente al fragmentado horario escolar existente la "némesis de toda educación genuina." [7] Continúa diciendo: "Si pensamos en traer salud al sistema educativo debemos procurar que el niño permanezca con una asignatura el tiempo necesario". [8] El 15 de agosto de 1921 en Torquay, Inglaterra, expuso la clase principal con el mismo énfasis: "De este modo salvamos a los niños de lo que puede causar tanto daño en la vida del alma, es decir, que en una lección tienen que absorber lo que luego se borra en la lección que inmediatamente le sigue. La única manera de salvarlos de esto es introduciendo periodos (bloques) de enseñanza y aprendizaje".[9] También salvaguarda el *ambiente* y ánimo que cada profesor puede crear e inculcar, gracias a la prolongación del tiempo de la clase principal, sin que sea anulado por el siguiente maestro que imparta bloque.

El papel vital que tiene el maestro titular del grupo durante la primaria aplica más particularmente en la clase principal. Las dos primeras horas del horario escolar se dedican a esta clase en la que la atención se centra en una asignatura durante un periodo de tres a cuatro semanas, en términos generales, pero pueden ser tan cortos como una semana y, en raras ocasiones, hasta seis o incluso siete semanas. Por lo general, el promedio es de nueve o diez bloques de clases principales al año. La duración del bloque puede variar y, en la mayoría de los casos, es el maestro quien la decide, en función de la materia, la época del año, la naturaleza de la clase y el equilibrio pedagógico general del año. Rudolf Steiner al principio del movimiento de la Escuela Waldorf, sugirió varias duraciones con un período de repaso al final del año, pero en pocos años se estabilizó a tres o cuatro semanas, y el periodo de revisión se abandonó en gran medida. En la preparatoria, sin embargo, el programa de la clase principal para el año tiene que ser cuidadosamente planificado, dejando poco margen de maniobra porque la mayoría de los bloques son impartidos por distintos maestros que son especialistas en su materia.

Cada bloque es como una fiesta de celebración. A lo largo de los años he descubierto que el ritmo de cuatro semanas es el ideal. Se siente completo e íntegro. Las tres semanas me parecen apresuradas y tengo que comprimir la carga de trabajo de cuatro semanas a un tiempo mucho más corto. Inevitablemente, me encuentro deseando otra semana de clase principal, algo que a menudo se percibe también con los alumnos. Es análogo a los ritmos lunares o de las mareas, donde hay un principio y un final claros cada 29,5 días, que afecta claramente a la vida en la Tierra, tanto biológica como psicológicamente. No en vano algunas fiestas religiosas duran cuatro semanas, como el Adviento. Cuatro semanas permiten que las experiencias anímico-espirituales durante la clase principal, se graben en el organismo vital.[10] El contenido ha tenido tiempo suficiente para asentarse. Es similar a una temporada. La primera semana sirve de introducción y puede compararse con la primavera. Durante el verano y el otoño de la segunda y tercera semana, se presenta y desarrolla el cuerpo principal (torso) del material. La cuarta semana es como un desenlace, en el que se unen todos los hilos de los temas explicados, resueltos y cosechados. Suelo abstenerme de dar a los alumnos demasiado trabajo durante la cuarta semana, dejándoles que completen los cuadernos de la clase principal. El trabajo se deja a un lado, como los granos almacenados en un granero durante el invierno, y se deja descansar la tierra. Cuatro semanas dan tiempo de sobra para cultivar y entrar en el estado de ánimo de un bloque.

La pedagogía Waldorf no es una educación prescriptiva, sino una educación viva, orgánica y humana que se dirige al niño en su totalidad. Es verdaderamente una educación del *alma, cuerpo y mente*, que requiere que el maestro esté bien preparado, despierto al momento, y dispuesto a adquirir la capacidad de responder de manera puntual, todo ello al servicio del espíritu humano. No es una tarea fácil. Sin embargo, la clase principal fundamentalmente permite la aplicación óptima de estos ideales. Su importancia y eficacia global son reconocidas por todos los maestros Waldorf, al igual que sus componentes principales, aunque su estructura e implementación puedan variar.

Se denomina "Clase Principal" porque se crea un intenso énfasis a una asignatura académica durante un bloque de tiempo, y no porque tenga más valor que cualquiera de las otras clases que generalmente continúan a lo largo del año, como los idiomas, artes y oficios, educación física, coro o euritmia. El término alemán para la Clase Principal es *"Hauptunterricht"* que alude a la cabeza humana (Haupt), en contraposición a "Kopf", que se refiere a la cabeza (de forma más general) que compartimos con los animales. La "cabeza" alberga algunos de los sentidos prominentes que nos conectan con el mundo exterior y también el cerebro, el instrumento utilizado para pensar. "Haupt" también significa "principal", es decir, el foco de atención de un tema o materia durante unas semanas. Algunos profesores se refieren a la clase principal como la "clase de cabecera".

Mediante la exposición directa de los alumnos a la respectiva materia de una manera viva e imaginativa, estimulan su voluntad y sus sentimientos, que se elevan y se hacen conscientes en sus cabezas. Así, los alumnos reciben algo de relevancia académica a la vez que desarrollan capacidades del alma. El intelecto no se aborda directamente, sino que se aborda a través del "arte" de la educación, que habla de la experiencia de todo el cuerpo de los estudiantes.

Esta clase "Haupt" recibe así su nombre porque está principalmente dedicada a la cognición - a las fuerzas mentales de la comprensión, el conocimiento y el pensamiento - y que el principal enfoque académico está dedicado a una disciplina durante algunas semanas. "Epochenunterricht" es otro término utilizado en Alemania para la clase principal, que se traduce más o menos como "Clase en bloque" o "lección de bloque", aunque suena un poco extraño. Las llamadas clases "principal extra" (también llamadas "horas de práctica") se centran más en la repetición y el desarrollo de habilidades (aunque no exclusivamente). Y, de acuerdo con un horario ideal, las clases de la tarde se dedican a las artes y al movimiento. Esto, por supuesto, no siempre es posible debido a conflictos de horario, que siempre surgen. Sin embargo, es un horario al que vale la pena aspirar, y en algunos años funciona mejor que en otros. Como tal, a lo largo del día se aborda la naturaleza tripartita del ser humano: cabeza, corazón y manos: pensar, sentir y hacer.

En términos generales (y tradicionales), la clase principal como tal se divide en tres secciones claras: 1. *parte rítmica* (sintonización); 2. *parte principal*, que incluye repaso, material nuevo y trabajo en el cuaderno, y que a menudo se considera la parte esencial de la clase principal (inhalación); y 3. el *cuento* (exhalación). No obstante, existen variaciones de este orden tripartita, algunas de las cuales divergen de esta división. La adhesión a la estructura rítmica de la clase principal apela a la naturaleza volitiva del ser humano, que, a su vez refuerza los sentidos cognitivos (los relacionados con la claridad de palabra y pensamiento), y se envuelve en un contenido pictórico que se dirige al ámbito de los sentimientos del niño.

Como vemos, la *parte principal* de la clase principal, aunque representa y enfatiza el nuevo material y la "cabeza", se sitúa entre la *parte rítmica* y la sección del *cuento* que se relacionan más con la voluntad y el sentimiento. Sin embargo, ambas sirven y equilibran el enfoque en las fuerzas de la cabeza: el *corazón* y la *mano* al servicio de la *cabeza*. Y la *parte principal* que está más orientada a la "cabeza", tiene componentes de "corazón" y "mano". Es más, una cuestión de énfasis que una división definitiva. Este marco proporciona una estructura de apoyo para los maestros, y seguir este ritmo diario fortalece a los niños.

Se aconseja y se alienta a los maestros de la clase principal a mantener contacto con los maestros de las asignaturas de especialidades para hacerles saber en qué están trabajando. Esto puede facilitar conexiones significativas entre las distintas asignaturas. Los alumnos experimentan el trabajo en conjunto de todos los maestros y pueden ver cómo todas las asignaturas se relacionan en infinidad de formas. Es una forma de enseñanza en equipo si el maestro de la clase principal puede incorporar e informar a los demás maestros de lo que ocurre en la clase principal. Favorece la integración armoniosa entre alumnos y maestros, y en última instancia, unifica la escuela.

En la primaria menor, y en mucha menor medida en los últimos grados, llegando a preparatoria, la estructura de la clase principal siempre incluye algún tipo de actividad artística, como el canto, recitación, flauta dulce, movimiento y dibujo. Sin embargo, el enfoque central es el académico, aunque enseñado de una manera artística. Las artes ayudan a apoyar el contenido intelectual, ayudan a que el alumno sea receptivo y mantiene viva la transmisión de conocimientos. Por ejemplo, mientras se enseña la geografía del Lejano Oriente se puede incluir una clase sobre pintura asiática. Estas actividades variarán a lo largo del año, dependiendo de la clase principal, la estación del año y el maestro.

Lo ideal es que el maestro titular enseñe las clases principales durante los ocho primeros años (véase "El Viaje de los Ocho Años" en la segunda parte), aunque depende de las circunstancias. Los especialistas en humanidades y en ciencias, que enseñan en los últimos grados de preparatoria a veces se les pide que enseñen en los grados de secundaria, dependiendo de la escuela y de la disponibilidad de maestros. La clase principal tiene el potencial de maximizar la eficacia y la eficiencia de la enseñanza. Permite y exige un *uso económico del tiempo*, y como tal, abarca la cuestión central y el tema de este breve libro: *¿Con qué eficacia se utiliza la clase principal?* Para Steiner, el esfuerzo por enseñar de forma económica era de "máxima importancia" y muy especial en su corazón, que expresaba en sus conferencias a partir de 1919.

> Lo que consideramos de suma importancia en la Escuela Waldorf es que los maestros utilicen tiempo de clase disponible de la manera más económica posible, que apliquen la "economía del alma" con respecto al potencial de sus pupilos. Si las clases se estructuran en torno a líneas principales de contenido, que los alumnos puedan seguir sin cansarse, o al menos sin sentirse abrumados por cansancio, introduciendo variaciones del tema principal, se puede conseguir más que siguiendo otros métodos por el bien de las ventajas que éstos puedan aportar.[11]

Aunque hay muchas diferencias en la forma de presentar una clase principal en los niveles de primaria, secundaria y preparatoria, la estructura básica sigue siendo más o menos la misma. La clase principal tiene el potencial de ser una poderosa herramienta pedagógica en manos del maestro, *si* la estructura y la intención son comprendidas y manejadas artísticamente. La comprensión de la estructura es un requisito previo, al igual que un pintor debe tener un conocimiento profundo de las cualidades del color, o el músico de la teoría musical y el dominio del instrumento. Una vez que conocemos y comprendemos la estructura, también podemos desviarnos de ella, según la libertad del maestro, y las necesidades de la asignatura correspondiente.

En términos generales, la clase principal se divide en tres partes, como ya se ha mencionado, aunque estoy modificando ligeramente el énfasis: La primera parte incluye el verso de la mañana y la "parte rítmica". La segunda parte se dedica a la recapitulación y a la presentación del nuevo material (que puede contener el material del cuento). La tercera parte incluye el trabajo individual y la práctica de destrezas, a menudo denominada "trabajo del cuaderno". Estas tres partes se refieren principalmente a los grados de primaria.

He visto una gran variedad de clases principales, de las cuales algunas no se adhieren en absoluto a la estructura ya mencionada o tradicional, pero aun así funcionan, ya que están conscientemente *compuestas*, y porque se han planteado las preguntas esenciales: ¿Cuál es la esencia del bloque? ¿Cuáles son los objetivos del aprendizaje? ¿En qué les beneficiará de por vida? ¿Qué capacidades del alma desarrollarán? ¿Cómo las fortalecerá? ¿Qué leitmotiv o imagen central corre como un hilo rojo a lo largo de todo el bloque? ¿Qué hace que esta clase sea tan eficaz y por qué es tan importante? ¿Cómo podemos aprovechar al máximo estas clases fundamentales? Por ejemplo, algunos renombrados y exitosos maestros que he conocido a menudo preferían la "parte rítmica" después de la presentación del nuevo material e inmediatamente antes del trabajo con los cuadernos.

También hay que plantearse las siguientes preguntas ¿Dónde, cómo y por qué se quedan cortos a menudo los maestros Waldorf? ¿Cuáles son los errores más comunes que cometen los maestros? ¿Cómo pueden los maestros aprovechar y cosechar al máximo los beneficios de una clase principal? ¿Corren el riesgo las escuelas Waldorf de debilitar o incluso perder las clases principales? ¿Estamos socavando como maestros este don pedagógico tan eficaz al no penetrar todo su potencial? Estas y otras preguntas deben plantearse periódicamente en las reuniones del profesorado, y en centros educativos.

La forma en que *utilicemos* la clase principal dependerá de cómo la veamos y hasta qué punto entendemos su propósito. Ahora que hemos superado la marca de los 100 años de pedagogía Waldorf y que somos cada vez más globales, tenemos que seguir leyendo las señales de los tiempos – posiblemente ahora más que nunca – y para poder continuar, debemos seguir siendo innovadores, pertinentes y vanguardistas. El último decenio ha demostrado ser un buen momento para volver a la fuente de la pedagogía Waldorf, - a sus raíces - para examinar las intenciones originales como impulso para avanzar hacia el futuro, conscientemente y con nuevo entusiasmo.

Es especialmente inspirador para los maestros Waldorf reflexionar periódicamente en la imagen y el significado de la espada del Grial que le fue dado a Percival por Amfortas: cómo siempre podía resistir el primer golpe, pero se rompía con el segundo; cómo podía renovarse si los pedazos rotos se llevaban al manantial cercano a *Karrnath*, la fuente, y se mojaban en el arroyo, llamado "Lac" antes del amanecer, tras lo cual la espada sería *más fuerte que nunca*. Esa imaginación, si se pone en práctica, garantizará la renovación de todos los maestros, de la que tanto necesitamos. Nosotros nos mantenemos como movimiento, siempre en necesidad de una renovación - una espada reforzada y más fuerte. Y la "espada" del maestro Waldorf es la *palabra*. Reforzar nuestra palabra es un noble deber, especialmente como maestros Waldorf, cuya herramienta es la lengua de la que las palabras pueden adquirir alas. A veces parece como si nos hubieran maldecido por no formular la pregunta "parzivaliana", y por no volver a la fuente. Como maestros debemos volver a las indicaciones dadas por Rudolf Steiner una y otra vez, para ver cómo podemos utilizarlas de formas nuevas e inventivas, si queremos conseguir los efectos visualizados por Steiner cuando inauguró la pedagogía Waldorf para los tiempos venideros. En palabras de Christoff Wiechert: "A lo largo de los años me he formado la convicción de que la fuente, o el manantial, de la renovación reside en las intenciones e indicaciones originales de Rudolf Steiner. Si este manantial comienza a burbujear en nosotros, seremos viables para el futuro".[12] Esa fuente es el "Lac".

La clase principal se presta al cultivo de hábitos saludables. Como maestros, percibimos inmediatamente el estado de ánimo de la clase, las fuerzas vitales de cada alumno y de la clase en conjunto. Los hábitos cultivados intencionadamente, como la puntualidad, el orden de las actividades, los versos pronunciados y otros ritmos que realizan a lo largo de las diferentes asignaturas y clases, contribuyen a fortalecer las fuerzas vitales del niño, también llamadas *fuerzas etéricas*. El nuevo material, el contenido más "factual" de la clase principal, que incluye muchos de los objetivos más intelectuales, representa el cuerpo de la clase, que a menudo permanece desnutrido y necesita un enfoque renovado. A través de las presentaciones artísticas del salón de clase, que incluye debates animados, canciones, poesía y música, alimentamos su reino de sentimientos y emociones, al cual ayudamos a armonizar este aspecto más sensible, y que a menudo llamamos *astral*. Y, al mismo tiempo, nos dirigimos a su individualidad emergente, sujeta a las leyes del desarrollo humano. Tenemos que saber exactamente por qué llevamos al salón de clase a los alumnos un determinado contenido, cómo les servirá, qué gesto anímico tiene y cómo afecta a su crecimiento, a su individualidad o a su *ego*.

El amplio espectro que expongo en este escrito está basado en las sugerencias de Rudolf Steiner y de los maestros pioneros Waldorf que ayudaron a desarrollar el currículo. También incluye ideas obtenidas a través de innumerables discusiones con otros maestros y mentores Waldorf, estudios a lo largo de décadas en una variedad de talleres y conferencias y, por supuesto, mis propias experiencias de más de treinta años en el aula. Los propios alumnos me han enseñado más de lo que nunca sabré. Hay diferentes maneras de abordar la clase principal, su estructura y su desarrollo. Lo importante, sin embargo, es que los maestros trabajen a partir de los conocimientos más profundos que la antroposofía puede dar (la sabiduría del ser humano), sus propias fuerzas y aptitudes, los niños a su cargo, y los tiempos y convenciones cambiantes – todo lo cual (yo extiendo) debe *revisarse* periódicamente.

Para poder reforzar y apoyar los sentidos cognitivos, haciendo así a los alumnos más *perceptivos* (lo que les servirá más adelante en la vida, cuando tengan que tomar decisiones y evaluar todo tipo de situaciones en su vida profesional y personal), es prudente *no* enfatizar excesivamente el intelecto en los grados menores, que solo agota a los niños debido a las abstracciones inherentes. Todo lo que se presiona prematuramente debilita a los alumnos. Precisamente *porque* queremos que los niños tengan un intelecto fuerte y estén dotados de capacidades de pensamiento crítico y analítico, evitamos el intelectualismo prematuro y excesivo. Hay tiempo suficiente para que esas facultades pasen a un primer plano una vez que se haya realizado el trabajo "de base". Refiriéndonos una vez más a *Percival*: al joven héroe le era permitido "jugar" libremente en el bosque aislado, el desierto de Soltane, donde podía vagar por donde quisiera y aprender las lecciones de la naturaleza, que le otorgaron una fuerza asombrosa, un potencial ilimitado y una promesa. Una vez llegado *el momento correcto*, se dispuso a cumplir su destino, aprendiendo todos los conocimientos mundanos necesarios en 14 días, en los que conoció las costumbres corteses, las reglas de conducta de caballeros y los códigos de caballería gracias al caballero de pelo gris, Gurnemanz. Qué maravillosa imagen de educación. Lo que otros caballeros aprendieron a lo largo de catorce años (de los 7 a los 14 como paje y de los 14 a los 21 como escudero), él lo aprendió en quince días: cada año comprimido en un día. Esta imaginación resalta la importancia de la *enseñanza apropiada para la edad del niño*.

De hecho, los maestros enseñamos menos de lo que creemos. En la mayor parte los alumnos se enseñan solos, acompañados de nuestra cariñosa ayuda. Nuestra tarea consiste en proporcionar un entorno óptimo de aprendizaje. Nosotros creamos el ambiente adecuado para que los alumnos prosperen. A los niños pequeños no se les "enseña" su lengua materna en los tres primeros años de vida, sino que aprenden por imitación. Del mismo modo, los alumnos más adelante aprenden a través de las fuerzas que se alzan en su interior, impulsándoles a aprender. Es una fuerza tan fuerte como la que hace que se pongan de pie - a encontrar su rectitud. A menudo les digo a mis alumnos de preparatoria: "En cierto sentido, no les estoy enseñando nada, soy un facilitador del aprendizaje. Ustedes mismos se enseñan". Me veo a mí mismo como un abridor de puertas, permitiendo e invitando a los alumnos a adentrarse en el jardín del aprendizaje. Les muestro el camino, les quito impedimentos, les protejo, observo lo que les interesa, les señalo las maravillas de la naturaleza de este jardín liderado por el ejemplo y a través del amor. Estamos juntos en el viaje. Sin embargo, mucho de lo que tenemos que hacer es ya un tipo de compromiso, pero no comprometamos la educación de nuestros hijos en áreas donde no hay necesidad. Sabemos cuál es el objetivo: el conocimiento y las habilidades terrenales (tal como son representadas por la corriente Artúrica), y el conocimiento periférico más imponderable que revela verdades divinas (la corriente del Grial), que da lugar al autoconocimiento que, en última instancia, es un ámbito más interior. Los niños necesitan ambas cosas, y nosotros, como maestros, debemos darles ambas. Estos fines no tienen necesariamente una hoja de ruta clara (sobre todo en nuestro acelerado y siempre cambiante ambiente moderno), pero podemos intuir y ver los castillos lejanos, así que corramos por los bosques, crucemos arroyos y ríos, por colinas y montañas, saliéndonos de los caminos trillados – confiemos en los caminos frescos que vamos forjando con los niños. Ayudando y guiando las manos, nos direccionará paso a paso por el desierto sagrado, la "*maravilla*". No sólo los niños, sino también nosotros, como maestros, crecemos *"lentamente sabios"*. Como Percival, cometeremos errores como maestros, y como Percival, tenemos el poder dentro de nosotros de perseverar. Y al igual que el viejo ermitaño Trevrizent, podemos contarles las historias que ellos *necesitan* oír, historias de sí mismos, que es la historia humana que contiene todas las historias.

Todo lo que un maestro lleva al aula puede volverse hueco con el paso del tiempo, incluso algunos de los sellos más sagrados de la pedagogía Waldorf, como el verso de la mañana o el repaso: reducido a la forma sin contenido. Entonces no se trata de descartarlo como un "nada sagrado", sino de reanimarlo. Y las directrices, recomendaciones, estructuras y formas de la clase principal que se esbozan en este libro sólo funcionan en la medida en que les demos aire y vida. En todos los aspectos el maestro titular del grupo o el de la clase principal en la preparatoria, es libre de formar la clase principal con su propia esencia y manera. Al final, todo depende de la relevancia pedagógica, de la responsabilidad personal y de cómo trabajemos con los fundamentos de la clase principal por la mañana. ¡Es la "carretilla roja" de la pedagogía Waldorf – muchas cosas dependen de ella!

Aunque la clase principal suele dividirse en tres secciones, yo la he subdividido en doce unidades más pequeñas, desde antes de ir a la escuela hasta el refrigerio y el recreo. Gran parte de lo que se expone a continuación se refiere a los primeros ocho grados, aunque hago referencia a la preparatoria también a lo largo del libro. En cada clase principal se refleja el ritmo del día, porque abarca los tres aspectos esenciales del ser humano: cabeza, corazón y manos.

~

Esta mañana (en el momento de escribir estas líneas), me he despedido de un alumno de 8º grado que se mudaba de casa y entraría a otra escuela. Todos lamentamos que se vaya y le deseamos lo mejor. Le pregunté qué es lo que más echaría de menos de Waldorf. No tuvo que pensar mucho antes de responder, "La clase principal". Hizo una pausa, tomó aire. "Definitivamente, la clase principal. Me gusta la forma en que podemos centrarnos en un tema durante dos horas cada mañana durante tres o cuatro semanas. Nos permite meternos de lleno en un tema". Y añade: "Eso sólo ocurre en una escuela Waldorf.

Otras escuelas simplemente no hacen eso. Sí, realmente lo voy a echar mucho de menos".

6   Rudolf Steiner, *Kingdom of Childhood* , (Anthroposophic Press, 1995) Segunda Conferencia.

7   Rudolf Steiner, *"Bases sociales para la educación pública"*, 1 de junio de 1919, en Education as a Force for Social Change (Hudson NY, Anthroposophic Press,1997).

8   Ibid.

9   Rudolf Steiner, *Kingdom of Childhood* (Anthroposophic Press, 1995), Cuarta Conferencia, p. 71.

10 Wilhelm Horner, Kosmische Rhythmen im Menschenleben (Stuttgart: Urach-haus, 1990).

11 11 Rudolf Steiner, Soul Economy and Waldorf Education (Anthroposophic Press, 1986), p. 300.

12 Christof Wiechert, "Repensar la triple división de la clase principal". Traducido por John Weedon. Publicado por primera vez en el Rundbrief (revista) de la Sección Pedagógica, 2010. (Noticias Waldorf: http://www.waldorftoday.com/2011/01/rethinking-the-threefold-di-visión-de-la-lección-principal-christof-weichert/).

Antes de la clase

"Estar dispuesto a ser un principiante cada mañana".
~ Meister Eckhart

UNA BUENA COMIDA, todos lo sabemos, comienza mucho antes de sentarnos a comer. Lo mismo ocurre con la mayoría de las cosas que valen la pena en la vida. Antes incluso de tocar los ingredientes, pensamos en la calidad de los alimentos y en el tipo de comida que queremos servir, nuestra visión alimenta la intención. Una vez que nos hemos hecho una idea podemos ponernos en marcha. Hacemos listas, planificamos y vamos a comprar. De vuelta a la cocina, con los ingredientes preparados, podemos proseguir de acuerdo con la receta que probablemente será modificada ligeramente según nuestro gusto, experiencia y circunstancias. En cuanto rallamos la piel de un limón, cortamos cebolla, o picamos el perejil, surgen olores que sólo se intensifican cuando empezamos a cocinar, hornear o freír. La anticipación se acumula y se abre el apetito, lo que pone en marcha los jugos gástricos, especialmente para aquellos para los que se prepara la comida. Además, la mesa se prepara con esmero para que resulte bonita y acogedora. Antes del primer bocado, los sentidos ya han participado en esta comida, despertando las glándulas salivales. La digestión comienza con la anticipación. Las comidas de las que disfrutamos tienen mucho detrás que se tiene que preparar, con muchas personas a las que agradecer, a parte de la persona que prepara la comida. Incluso la comida más humilde merece un agradecimiento.

Lo ideal es que cada clase principal vaya precedida de la misma meticulosa preparación, que lleva mucho más tiempo prepararla que enseñarla. Steiner sugería que por cada hora de enseñanza deberíamos prepararnos por tres. Por supuesto que esta preparación puede tener lugar mientras damos una caminata, tomamos el té, o mientras tenemos una conversación con alguien que nos dé chispas con ideas nuevas que podamos incorporar a nuestra clase. Si ampliamos el pensamiento, se puede afirmar sin exagerar que, en cierto sentido, siempre estamos preparándonos (véase "Preparación de la clase principal"), incluso para clases que todavía ni siquiera sabemos que vamos a impartir. ¿Cuáles son los requisitos previos esenciales?

Cada bloque de la clase principal requiere distintos modos de preparación. Sin embargo, hay aspectos comunes. En primer lugar, debemos determinar los temas y objetivos principales de la materia en cuestión. En función de nuestros conocimientos y las circunstancias, podemos optar por preparar algunos de los próximos bloques de la clase principal durante el verano. Durante las vacaciones de verano yo evaluaría qué temas necesitan más trabajo y realizaría los estudios preliminares necesarios. Por ejemplo, yo no sabía mucho sobre astronomía, así que estudié el atardecer y el cielo nocturno todo el verano antes de 7º grado (a menudo se impartía en 6º grado). Otro año fue química, y así sucesivamente. La preparación incluía debates y diálogos con otros profesores que ya habían cubierto esas materias y bloques. Muchos profesores tienen información valiosísima para impartir. Sin duda, me hizo la vida más fácil. Aparte de los conocimientos, uno recibe sugerencias didácticas, algunos atajos, apuntes, un sinfín de libros y consejos que, en conjunto, aumentan la confianza. Cuando por fin llega el momento de dar el bloque, podemos empezar a ocuparnos de los detalles del día a día.

Ahora que se han adquirido los conocimientos, listos para ser transmitidos a los alumnos, aparece un elemento diferente. Éste es el aspecto más meditativo. Para mí, ese sigue siendo el más intenso la noche anterior al comienzo de un nuevo bloque de la clase principal. Tengo la mochila preparada. Tengo todo lo que necesito. Sé lo que voy a presentar. Estoy emocionado y entusiasmado, me aseguré de limpiar y preparar el espacio del salón la tarde anterior e incluso hasta he creado un dibujo en el pizarrón de gis. Sin embargo, como maestros, siempre tenemos esa sensación persistente de que hace falta más, y de que pudimos haber hecho más: ¿Encontraré las palabras adecuadas? ¿Seré capaz de conectar con los alumnos? ¿Estarán tan entusiasmados con el contenido como yo? ¿Lo recordaré todo? ¿Tendré que consultar mis apuntes (disimuladamente, para que no se den cuenta)? ¿Qué tan fluida será la clase? Incluso después de tres décadas de docencia, sigo haciéndome estas preguntas básicas fundamentales, y todavía me persiguen las dudas, que se sienten como una autoflagelación. Uno nunca es el sumo gran maestro. Siempre habrá clases vagas. Al menos, eso es cierto para mí. ¿Qué hacer?

Como le gusta decir a un amigo mío: *dejar ir y deja a Dios*. Hay algo de verdad en ello, independientemente de la connotación casi religiosa. Es difícil dejar ir, porque por mucho que uno se prepare, siempre se puede hacer más, saber más. Sin embargo, dejar ir, aunque sea un poco, es esencial. Dejarse llevar es una forma de relajarse. Yo sí veo algo espiritual en cada estudiante y el salón de clases es un lugar sagrado para mí. Cuando fui maestro titular de grupo, mi escritorio se convertía en mi altar (una observación de Rudolf Steiner que me tomé muy a pecho). Es cierto que mi escritorio tenía la tendencia de verse un poco desordenado, pero presentaba y albergaba las herramientas de mi oficio: bolígrafos, papeles, lápices de colores, sacapuntas, libros, gises, pisapapeles, clips, tac, etc. - los materiales de mi especie de sacramento. Dejar ir crea un espacio para que otros elementos se asienten, y nos abre a ideas más amplias, a lo inesperado. Los profesores también necesitan digerir las clases.

A lo largo de los años, he intentado convertir en un hábito nocturno el formarme una imagen mental del salón de clase, un hábito que he continuado como maestro de preparatoria. Me imagino el salón lleno de alumnos, los oigo y, a veces, converso con ellos en mi mente. Internalizo a cada uno de ellos, aunque sólo sea durante un nanosegundo. Esto es seguido de una invocación, una cuasi oración, que se resume en cuatro palabras cotidianas: *que todo vaya bien*. Pero a veces, en ciertos casos, lo amplío. Es como lanzar un hechizo positivo hacia mi próxima clase, una bendición: Que encuentre las palabras adecuadas. Que se cuele algo sorprendente. ¡Que me sienta inspirado! Que sea receptivo a lo que el momento necesita. Que sea imaginativo, intuitivo. ¡Que reciba ayuda del buen espíritu de la clase! Y luego, vuelvo a soltarlo, seguido de un repaso del día (o viceversa), independientemente de que haya estado enseñando o no. Es una oportunidad para observar mis acciones durante el día, y como maestro me da una mayor perspectiva de cómo ha ido mi enseñanza. El interrogatorio continúa: ¿Quién necesita más contacto y atención? ¿He perdido una oportunidad pedagógica? ¿Dónde pude haber sido más alentador? ¿Por qué no utilicé más el humor? ¿Fueron los niños lo suficientemente alegres? De hecho, también es una buena oportunidad para reflexionar sobre los problemas, llevarlos a la vida del sueño y confiar en que se encontrarán soluciones y resoluciones al despertar.

A la mañana siguiente, repaso rápidamente mis intenciones y visualizo de nuevo lo que viene hacia mí, o hacia lo que voy. Curiosamente, si permanezco abierto y receptivo, a menudo recibo alguno que otro regalo del reino del sueño: una idea novedosa que podría apoyar o mejorar mi clase, un cambio en el orden de mi estructura didáctica, una tarea o actividad que de repente parece apropiada al contenido de la clase principal. Puede surgir mientras me cepillo los dientes, tomando el té del desayuno, atizando el fuego o poniéndome el abrigo. Es una de las razones por las que evito escuchar la radio o cualquier medio electrónico por la mañana o hacer cualquier tipo de negocios, especialmente los que tienen que ver con cualquier dispositivo (aunque me he perdido de algunos correos electrónicos y mensajes pertinentes por ello). Sólo las necesidades por la mañana. Dejar que la noche se prolongue nos permite ser un poco más receptivos a la sabiduría de la noche: lo que puede y quiere revelar dentro de esas tenues "estelas de gloria". Es demasiado fácil ahogar estos sutiles transmisores del espíritu con las demasiado mundanas e innecesarias distracciones.

En los escasos minutos antes de salir de casa, siento que me transformo - que me convierto en maestro. Exteriormente, es apenas notable, pero constituye un cambio interior concreto y palpable. No siempre es fácil, y ligeramente doloroso a nivel sensible. Lo he comparado con la transformación de Clark Kent en Superman, o al alter ego de Bruce Banner en Hulk. Pero sobre todo es Eric transformándose en el Sr. Müller.

Entrando al salón de clase

"El intelecto nos divide en nuestros yoes separados,
pero el corazón, si se educa correctamente, nos reúne de
nuevo". ~ Francis Edmunds [13]

UN VERANO, mientras regresaba manejando de Bretaña
hacia París, vi a lo lejos un promontorio sobre el que se alzaba
una enorme catedral con dos chapiteles que parecían agujas.
Inmediatamente supe que era Chartres. Salí rápidamente de la
autopista y conduje hasta la catedral de Chartres, estacioné el
automóvil y me apresuré a llegar a esta maravilla arquitectónica
medieval de la que tanto había oído hablar y que se me había
presentado tan inesperadamente. Corrí hacia ella, pero me
detuve abruptamente ante el portal principal. Era casi como
si los dos formidables campanarios hubieran levantado sus
poderosos brazos y me hubieran advertido que me detuviera.
Esta catedral no era algo a lo que pudiera verse o acercarse de
manera precipitada. Su poder era palpable, exigiendo el debido
respeto. Reverencia. Suave, pero solemnemente reprendido,
di unos lentos y tentativos pasos hacia delante, contemplando
la miríada de esculturas en los portales arqueados y más allá.
Poco a poco, mi estado de ánimo cambió. Estas figuras del siglo
XII irradiaban un poder tranquilo e inescrutable. Yo aún estaba

en mis veinte años, y todavía no había estudiado el trasfondo histórico de Chartres o su significado espiritual, pero había oído hablar a mis padres de su importancia cultural y espiritual, además de que era consciente de que albergaba a la inefable Madonna. Pero no necesitaba saber mucho para experimentar la soberanía de la arquitectura y el arte de cada detalle del trabajo en piedra. El acto de entrar en este espacio sagrado requería un cambio interior y una purificación. Mi antiguo yo quería hacer una genuflexión ante este magnífico templo, pero mi yo moderno se adelantó, abrió de un empujón la pesada puerta de madera y entró en el espacio sagrado.

Lo mismo me ocurre cuando entro en clase por la mañana, siento que entro en un reino venerado. Dejo atrás la calle Civvy, cuelgo conscientemente el equipaje de mi yo personal en un gancho metafórico, como defendía Steiner, y entro en el salón de clase, mi pequeña catedral.

~

Eludo las distracciones de cualquier tipo por la mañana. Cuando conduzco hacia la escuela, también me abstengo de encender la radio, y si está encendida, la apago inmediatamente. Es como si las transmisiones electromagnéticas destruyeran el espacio. La hora de la mañana es sagrada. Aunque actualmente mi trayecto manejando no es largo, me permite la ensoñación, las posibles percepciones. Pueden llegar en un instante. Una vez que salgo de casa, me abro al día, lentamente, como los pétalos de un cáliz. Me abro a la gente desde que comienzo a caminar por el estacionamiento, hasta la entrada de la escuela - a otros maestros, padres y alumnos. No siempre es fácil despertar al día. Mi inclinación natural es quedarme acurrucado en mis propios pensamientos, pero un cálido "Buenos días", una sonrisa, una inclinación de cabeza o momentos de reconocimiento mutuo ayudan al proceso de apertura. Desde hace años, uno de nuestros maestros, ya jubilado, toca el acordeón en el camino hacia la entrada principal de la escuela (excepto durante las inclemencias del tiempo). Las alegres tonalidades son como un saludo sonoro, un gesto de humildad con sutiles reverberaciones, que facilitan el despertar de todo el mundo. Tomo nota de clima. Todos conocemos la diferencia de humor que llegamos a tener entre una mañana soleada, lluviosa, fría o brumosa con niebla. Uno casi puede anticipar el ambiente que se va a percibir entre los alumnos antes de entrar en clase.

En la escuela Waldorf de Eugene donde guie a mi grupo de clase a través del ciclo de 8 años, un grupo de maestros se reunía para recitar juntos un verso, como se hace en la mayoría de las escuelas Waldorf de todo el mundo. Nos reuníamos antes de que mayoría de los alumnos llegaran, para no dejarlos solos a su suerte. Steiner criticaba que los profesores se reunieran para el verso mientras muchos de los alumnos corrían de un lado a otro y quedaran sin supervisión. Él sugería encarecidamente que los maestros llegaran a la escuela mucho más temprano.[14] El ritual matutino entre los maestros es similar en todo el mundo. Después de saludarnos, uno de nosotros leía el verso correspondiente del *Calendario del Alma* de Rudolf Steiner - por lo general repitiéndolos en su versión original en alemán - los versos semanales que relacionan la vida interior del alma con las estaciones del año. Posteriormente todos recitábamos el siguiente verso de Steiner:

> Tenemos la voluntad de trabajar
> Que en esto fluya nuestro trabajo
> Aquello que, desde fuera de los Mundos Espirituales,
> Trabajando en el Alma y el Espíritu,
> En Vida y Cuerpo, se esfuerza por hu-
> manizarse en nosotros.

El ethos de este momento de centrarse es dar salud y fortalecer. Reconocemos nuestros objetivos comunes: la educación de los alumnos a nuestro cuidado. Esta reunión diaria refuerza el espíritu compartido y unificador con el que trabajamos. No es necesario que todos los maestros estén presentes, pero apoya a todos los maestros. El verso de Steiner que personalmente encuentro útil para meditar es:

> Imbúyete del poder de la imaginación
> Ten valor para la verdad
> Agudiza tu sentimiento por la responsabilidad del alma.

A veces, también cantábamos una canción. Yo atesoraba estos momentos con mis colegas. Es una confirmación de nuestra afinidad y mejora el estado de ánimo necesario para entrar al salón de clase y encontrarnos con los alumnos. Esta reunión fomenta el vínculo social entre los maestros. Muchos conflictos podrían evitarse si los maestros mantuvieran este tipo de reunión matinal, que sirve de base moral hasta hoy en día. El cuerpo de maestros se fortalece y ayuda en el apoyo mutuo de unos a otros.

Me gusta ser el primero en llegar al salón de clase, aunque no siempre es posible. Con una rápida mirada alrededor evalúo el estado del salón mismo. Suele haber algo que necesita atención, especialmente en preparatoria, donde muchos otros maestros utilizan mi "salón particular". A menudo, necesito reorganizar las mesas, barrer, abrir el piano, limpiar el pizarrón (me he convertido en un rigorista para limpiar), etcétera. Como maestro titular de grupo, tenía más control sobre el salón de clases, aunque, inevitablemente, siempre quedaba algo por hacer, como quitar flores marchitas de la Mesa de la Naturaleza, sacarles punta a los lápices o añadir algo rápidamente al dibujo del pizarrón.

Muy pronto empiezan a entrar los alumnos. Cada día es un poco diferente, pero hace la diferencia si el salón ha tenido un "calentamiento", porque transmite una sensación de bienvenida. Inevitablemente, el maestro puede ausentarse del salón un momento por diversos motivos durante ese tiempo en la mañana, pero al ver la bolsa junto al escritorio o que las luces se han encendido, los alumnos saben que está cerca y se sentirán arropados. Y ellos se dan cuenta de los más mínimos cambios. "Ah, has puesto flores nuevas en el florero. Bien, ya era hora". O: "Has colgado nuestros cuadros". "Has limpiado el lavabo". De hecho, es casi decepcionante si no detectan alguna pequeña alteración. Por supuesto, algunos de los cambios ocurrieron el día anterior, normalmente mucho después de que se fueran a casa. Esta cualidad de anticipar puede comenzar desde el momento en que entran al salón. Esto puede lograrse escribiendo una adivinanza en el pizarrón para que la resuelvan, o un problema matemático. Por supuesto que depende del grado que estés enseñando. En preparatoria a veces escribo una cita en el pizarrón, o algo enigmático, que les hace preguntarse qué tiene que ver con la clase. A todo el mundo le gustan las sorpresas. Despierta su curiosidad.

Muchos maestros organizan pequeñas actividades antes del comienzo de la clase. Hace poco me senté en un primer grado donde los alumnos disfrutaban haciendo dibujo de formas. En otra clase, en una soleada mañana de primavera, los niños saltaron la cuerda afuera del salón de clases. Los juegos de cuerda son una de las actividades favoritas de los niños de primero y segundo grado, como "El Avión", "Escondidillas", "Policias y Ladrones" y "Las traes". Otro favorito son los juegos de palmas (normalmente introducidos durante el tiempo de "la ronda" o en una clase de juegos), que a los niños les encanta hacer, incluso en los grados superiores. Todos estos juegos pueden jugarse en parejas o en grupos y requieren de una gran coordinación. Adquieren vida propia y siempre generan mucha alegría. Y también hay alumnos a los que les gusta sentarse tranquilamente, dibujando o leyendo un libro. Cada clase suele tener una biblioteca bien surtida.

La forma en que los maestros entran al salón de clase tiene sus efectos en los alumnos. Ayudamos a crear el ambiente en el que se sienten acogidos. Y yo, a la vez, puedo evaluar inmediatamente el bienestar de los alumnos.

Dependiendo de la tradición de cada escuela, el maestro estrechará la mano de los alumnos individualmente al entrar a la clase, o al unísono una vez que ha sonado la campana para comenzar. Como maestro titular de grupo me gustaba que los alumnos se formaran afuera del salón a la hora de empezar para poder saludarles oficialmente, uno por uno. Era señal de comienzo del día y añadía una nota de formalidad. Aunque formaba parte de nuestra rutina diaria, nunca llegó a ser mecánico o superficial ni una sola vez en ocho años. Este saludo matutino, aunque fuese breve, era un verdadero encuentro. En este sentido, las palabras del poeta Paul Matthews se hacen eco del sentimiento a la perfección: "El encuentro de ego a ego confirmado en un apretón de manos, me parece real, al igual que la relación entre la palabra al movimiento".[15] En este caso, el maestro percibe y siente los egos en desarrollo de los niños, sus florecientes individualidades, y ellos, a su vez, conocen y reconocen la *autoridad* del maestro, que se encuentra en representación de la fuerza del yo del maestro. Como dice Willi Appli "El niño percibe realmente el poder de la verdadera autoridad en un adulto. Sin embargo, ésta no es más que una imagen envolvente del verdadero ego. [...] Que el maestro sea para el alumno esta autoridad natural, querida, interiormente fundada, sobre la cual el niño pueda desarrollar su futuro sentido del ego".

A lo largo de los años siguió siendo importante para mí

estrechar la mano de cada alumno, mirarle a los ojos, y tal vez decirle rápidamente una o dos palabras. Este momento puede servir como oportunidad ideal para cultivar el sentido del ego. En esos pocos segundos uno puede darse cuenta de muchas cosas: ¿Están peinados? ¿Se han lavado la cara? ¿Parecen somnolientos o vibrantes? ¿Están sus manos secas, húmedas, sudorosas, suaves o ásperas? ¿Su agarre es firme o blando? Todo cuenta una historia. ¿Cómo dan los buenos días? ¿Con voz fuerte o débil? ¿Sonriente o taciturno? ¿El contacto breve, radiante, retraído, reticente o inexistente? Si percibiera una necesidad de algún tipo, una tristeza o enfado, intentaría incluir en mi clase algo que atendiera o aliviara la carga oculta (o hablar con ellos en privado más tarde). O si varios alumnos todavía no cuidan lo suficiente su higiene personal, incluiría discretamente una anécdota sobre la importancia de la limpieza.

Fue muy desconcertante escuchar a Anthony Fauci el director del Instituto Nacional de Alergias y Enfermedades Infecciosas (en inglés: National Institute of Allergy and Infectious Diseases (NIAID) declarar recientemente en las noticias (mientras se escribía este libro): "No creo que debamos darnos la mano nunca más", días después de haber escrito la sección anterior sobre la importancia de dar la mano, pero no pude evitar tomar nota de sus palabras. Promueve una visión limitada de las relaciones humanas, en la que cada persona se reduce a un objeto, un enemigo potencial, portador y propagador de gérmenes, de virus.

En los tiempos del antiguo Egipto, Grecia y Roma, darse la mano se consideraba un signo de paz, amistad y confianza. ¿Vamos a renunciar para siempre a la confianza mutua? En los días siguientes le oí repetir ese mismo sentimiento en diferentes formas. Por supuesto, lo dijo en relación con la enfermedad del coronavirus, pero demuestra que no es consciente del profundo poder del tacto para el bienestar de toda la humanidad en conjunto. Muestra un pensamiento fragmentado, donde las cosas encajan perfectamente en pequeñas cajas, categorías archivadas, pero está muy alejado de la realidad, donde la vida se vive de forma interconectada. Uno no puede mantener las cosas separadas, y de ser así, sólo con consecuencias nefastas. El sentido del tacto y el sentido del ego están íntimamente conectados, y como humanos somos seres del tacto - en un nivel más elemental y primario. Perdemos el tacto o lo cultivamos. Sin el apretón de manos contribuimos más de lo que pensamos a la atrofia de nuestros sentidos, a la ruptura de lo que somos como seres humanos. Con el poder del apretón de manos construimos relaciones basadas en la confianza - como avalan numerosos informes neurocientíficos.

Tras cruzar la puerta de la confianza, los niños entran al salón de clases.

---

13 Francis Edmunds, Rudolf Steiner Education: The Waldorf Impulse (Londres: Rudolf Steiner Press, 1962), p. 30.

14 Rudolf Steiner, Faculty Meetings with Rudolf Steiner: Volumen 2 (Anthroposophic Press, 1998), 9 de abril de 1924

15 Paul Matthews, Words in Place: Reconnecting with Nature through Creative Writing (Hawthorn Press, 2007), p. 40xs

Anuncios, asistencia y para compartir

"Recibe al niño con reverencia, educa al niño con amor, deja que el niño vaya hacia adelante en libertad" [16]

UNA VEZ DENTRO DEL salón de clases, puede comenzar el ritmo del horario diario. Antes de recitar el verso de la mañana con los alumnos, los maestros suelen ocuparse de algunos asuntos preliminares, como anuncios y otros temas que pueden incluir recordatorios sobre una excursión, una asamblea, una próxima reunión de padres, o cualquier otra cosa que los niños necesiten saber. Estos anuncios prácticos dan tiempo a los que llegan tarde y les da la oportunidad de instalarse en el salón de clase. Sin embargo, también pueden usurpar tiempo muy valioso. Lo mejor es que sean breves y concisos, y abstenerse de hablar de cosas innecesarias o que puedan ser impartidas en otro momento. He observado clases en las que los anuncios matutinos se sentían como una neblina en un día despejado.

En los primeros grados se suele pasar lista utilizando el intervalo de quinta: "Matilda (*Re*) /Higgins (arriba hasta *La*) / ¿estas tu (*Re*) / aquí? (*La*)," a lo que se responde: "Sí, Sr. (*La*)

Müller (*Re*), / estoy (*La*) / aquí (*Re*)".[17] Mientras que el intervalo de quinta fluctuante crea un cierto ambiente de calma y fluidez, sólo sugiero hacerlo si el maestro lo mantiene en el espíritu adecuado y no se convierte en una rutina vacía o mal cantada. La quinta es un intervalo de equilibrio y respiración, por lo que se presta para la primera infancia (jardín de niños) y los dos primeros grados. Es una oportunidad para conseguir que canten las quintas maravillosamente. Sin embargo, he observado maestros que no son capaces de cantar quintas perfectas, que, a su vez, serán imitadas por los niños. En lugar de quintas, se cantan terceras o incluso terceras menores, lo que anula el objetivo. Además, la nota inicial suele elegirse al azar. La nota más grave de la flauta pentatónica es un "Re", por lo que tiene sentido cantar la quinta entre "Re" y "La" porque muchas de las canciones que cantan incluirán ese rango. He sido testigo de clases que toman hasta diez minutos para esto debido a continuas interrupciones. En esos casos, sería mejor realizar un pase de lista hablado que intentar "forzar" un pase de lista correctamente cantado. En resumen, si se canta debe hacerse con fluidez y con intención consciente. Cuando funciona es bello y armonioso, y los niños se sienten de la misma manera. Es como un apretón de manos musical, un reconocimiento de la presencia del niño. Algunos maestros improvisan notas de la escala pentatónica, que los niños repiten, lo que fomenta la capacidad de escucha.

Pasar lista, además de saber quién está presente, es un hábito social saludable para ejercer. El proceso de encarnación sensibiliza a los demás, lo que crea un ambiente afectuoso. Llevamos a los alumnos a reconocer tanto su presencia como su ausencia. En caso de una ausencia, toda la clase puede cantar: "No, Sr. Müller, Justin no está aquí". De este modo se incluye al niño ausente en los acontecimientos del día.

Cultivar hábitos saludables es uno de los pilares de la pedagogía Waldorf, y vale la pena recalcar su importancia. Además, la puntualidad es una virtud que debe y puede fomentarse, empezando por el maestro. ¿Comenzamos cada mañana puntualmente? ¿Somos puntuales en nuestra vida cotidiana? ¿Llegamos a las reuniones con puntualidad? Si hemos educado nuestra propia puntualidad será más fácil fomentar la puntualidad en el alumno. Esto no significa que tengamos que ser dogmáticos y disciplinar sobre la prontitud. Sin embargo, la puntualidad puede ser cultivada si se convierte en parte integral de nuestro ritmo diario. En cuanto suena la campana, los niños se alinean en fila. Steiner era muy particular acerca de las oportunidades y lo abordó varias veces en nuestras reuniones del profesorado.

> Cuando los alumnos llegan tarde por la mañana, tiene un efecto negativo en la enseñanza. A veces tenía la impresión de que la forma en que empezaban las clases por la mañana dejaba mucho que desear. Pensaba que alguien debería estar en el pasillo, para que los niños no jugaran allí a escondidillas.[18]

He observado que los maestros que viven más lejos de la escuela suelen ser los más madrugadores, y los que viven más cerca no siempre llegan a tiempo. Para el maestro el viejo adagio es cierto: si llegas temprano, llegas a tiempo. Si llegas a tiempo, llegas tarde, y si llegas tarde, estas despedido. Sé de un maestro cuya persistente impuntualidad realmente condujo a su despido. Steiner continúa:

> Debemos tener cuidado de que los maestros titulares de grado no entren al salón de clase demasiado tarde. Esa es una de las principales razones por las que los niños se alborotan, porque que se quedan solos ya que el maestro no está ahí.[19]

No obstante, en los primeros grados no siempre es tan fácil empezar a tiempo. Requiere práctica. Hay que colgar las chaquetas y los abrigos; hay que ponerse los zapatos del salón unos niños tienen que ir al baño; hay que llamar a los demás para que entren. Esto puede llevar tiempo. Esto se pondrá en orden si uno trabaja conscientemente hacia lograr esos comienzos puntuales. Sin embargo, lo que suele ocurrir es que la hora de la mañana se vuelve demasiado floja y los niños siguen corriendo fuera del salón de clases incluso después de que haya sonado la campana, o el maestro continúa saltando la cuerda con los alumnos, o hablando con un padre. Si los padres se acostumbran a que la clase principal comienza con unos diez o quince minutos de retraso, puede hacer que no se tomen tan en serio la hora de comienzo. Esto también requiere de atención consciente y profunda, además de que es un tema por tratar durante las juntas por las tardes con ellos o en privado con los padres que se requiera. En la preparatoria la impuntualidad ya no suele ser "culpa" de los padres, sino más bien un letargo interior o indiferencia. He observado estudiantes mayores que entran despreocupadamente al edificio de la escuela sin importarles llegar tarde. Y en preparatoria es un problema constante que se debe debatir periódicamente.

La tradición de "compartir" en la primaria menor a veces se relega a la "hora del círculo", pero puede hacerse fácilmente antes del verso de la mañana como parte de los anuncios.

En *Consejos Prácticos para Profesores*, Steiner alienta a los maestros a que practiquen "el mayor número posible de conversaciones sencillas con los niños [...] Comenzar(emos) por dejar que ellos realicen breves relatos de experiencias que ellos mismos han tenido. Dejamos que los niños cuenten algo de lo que les guste hablar".[20] Con el tiempo, esto se convirtió en unos minutos para *compartir* en el primer grado. Los mejores resultados se consiguen si el maestro controla estas historias personales. Compartir puede ser una herramienta pedagógica muy útil. Los niños practican la narración de experiencias. De esta manera, la conversación libre y una pronunciación clara son cultivadas. Aprenden a formar sus pensamientos a partir de lo que les ha ocurrido en la vida. Es una forma relajada y más personal de recordar. Tienen que buscar y encontrar las palabras adecuadas para transmitir sus experiencias. Dar a los niños la oportunidad de volver a contar sus historias, algo con lo que se sienten conectados, les dará la confianza necesaria para poder hablar de material académico relacionado con el currículo más adelante – la recapitulación oficial. Esto los anima a expresar sus pensamientos de forma convincente, y crea la transición de los coloquialismos al lenguaje formal.

Mientras cuentan sus pequeñas anécdotas, el maestro puede corregir sus errores de manera fácil e informal, los patrones de errores de habla persistentes (algunos de los cuales alcanzan todavía en los grados superiores), como "Yo y Mi hermana" en lugar de "Mi hermana y yo." O si un niño dice, "Yo *estoy* en la cocina y vi dos *ratón*", podrías entonces responder: "Ah, qué emocionante que *fueras* a la cocina y vieras dos *ratones*". Es muy probable que el niño repita inmediatamente el incidente correctamente. Dependiendo de la zona y del país, la lengua materna será más o menos perceptible. A menudo, los niños no oyen las palabras correctamente, sobre todo cuando hay dialectos regionales, incluso los más leves y casi indiscernibles cambios marcan la diferencia, al igual que los coloquialismos más obvios como "vamos ir" y "vamos a ir o "vistes" por "viste". Compartir es una forma suave y acogedora de empezar el día en los primeros grados, y a los niños les gusta compartir lo que les trajo el Ratoncito Pérez, una fiesta de cumpleaños a la que asistieron o que sus abuelos han venido de visita. Hay que poner límites y no hay que olvidar la intención de compartir. Lo mejor es que cada maestro establezca sus propias pautas a seguir, ya sea eligiendo un número concreto de alumnos que pueden compartir, limitando el tiempo, o yendo por filas, o una combinación de todas las anteriores, dependiendo del tamaño del grupo. Algunos temas deben estar estrictamente prohibidos, como hablar de películas o hablar mal de otras personas. Los maestros también pueden elegir temas, como compartir pequeñas historias sobre sus mascotas, viajes que han hecho o algo que han visto de camino a la escuela. Toda oportunidad de perfeccionar su habilidad de observación es educativa. De este modo, se desarrollan lecciones sociales. Conseguir que los niños se escuchen unos a otros o se abstengan de interrumpir, cultiva la empatía y la consideración por la otra persona. Mediante la narración de pequeñas historias, los niños comparten algo de sí mismos. Se sienten escuchados y vistos.

Sin embargo, si se prolonga demasiado, los alumnos se aburrirán y se rebelarán. De este modo, la clase principal se ve comprometida antes de siquiera empezar. Si se aborda de manera correcta, nutre el interés por la vida, por el otro y por el mundo. A partir de segundo grado, estas conversaciones e intercambio de noticias personales ya no deberían ocupar tiempo de clase, pero pueden tener lugar fácilmente cuando entran al salón de clases a primera hora de la mañana, antes del comienzo de la clase principal, o en ocasiones especiales.

16 Cita atribuida a Rudolf Steiner, aunque no se cita la referencia. Es el lema no oficial de la pedagogía Waldorf.

17 Existen numerosas variantes.

18 Rudolf Steiner, Faculty Meetings with Rudolf Steiner: Volumen 2, (Anthropsophic Press, 1998), 9 de abril de 1924, p. 732.

19 Rudolf Steiner, Faculty Meetings with Rudolf Steiner: Volumen 2, (Anthropsophic Press, 1998), 9 de abril de 1924, p. 732.

20 Rudolf Steiner, Practical Advice to Teachers , (Anthroposophic Press, 2000), Conferencia 13, p. 169

Verso de la mañana

"A menudo, cuando estaba solo, cuando los enigmas de la vida y problemas existenciales me agobiaban, mis pensamientos se volvían a este verso, y experimentaba profundamente el gran poder ordenador de estas palabras".[21] ~ Rudolf Grosse

DESDE PRIMER GRADO hasta el doceavo, los alumnos Waldorf recitan el verso de la mañana escrito por Rudolf Steiner. Hay dos diferentes: el primer verso se recita hasta el final de cuarto grado, y el segundo verso es para los grados a partir de quinto en adelante. Tiene la función de hacer una puerta de entrada al día, un momento umbral antes de entrar en el templo del aprendizaje, un momento de enfoque unificado - el comienzo formal de la clase principal. Marca un momento profundo del yo dentro del grupo, de toda la escuela y el ser del movimiento Waldorf. Es de los pequeños momentos ceremoniosos dentro del día escolar, y es el que marca la pauta para los demás que están por venir. Es importante que todos los alumnos estén presentes para el verso de la mañana. Sí hace una gran diferencia cuando los alumnos comienzan el día con o sin ese verso. Otra razón por la que debe cultivarse. La impuntualidad se convierte con demasiada facilidad en un patrón.

La pedagogía Waldorf fomenta hábitos saludables, plasmados a través de la repetición y el ritmo. Así, sirve de cimiento diario para el alma. Los hábitos escolares son como un grial, en constante movimiento, en los que puede fluir el aprendizaje, sostenido por los movimientos rítmicos. ¿Cómo nos relacionamos los maestros con los versos de la mañana? ¿Hasta qué punto conectamos con ellos? ¿Qué importancia tienen para nosotros? ¿Hasta qué punto meditamos los contenidos? ¿Cómo experimentamos el contenido cuando decimos el verso? ¿Cuál es el mejor momento para decirlo? He visto decirlo a primera hora de la mañana, hasta a la mitad de la clase principal, y a veces ni siquiera. El 25 de septiembre de 1919, un maestro preguntó a Steiner si sería bueno tener un verso para empezar el día. Steiner respondió positiva e inmediatamente, prometiendo dar a los maestros un verso apropiado al día siguiente, al que se refirió como "verso de apertura". También les advirtió fuertemente que no lo llamaran oración. Fiel a su palabra, llevó y leyó los dos versos a los maestros al día siguiente, el 26 de septiembre de 1919. Les sugirió que primero dijeran el verso junto con los alumnos en coro, para que los alumnos pudieran vivir en el tono, el tempo y el ritmo del verso, como Steiner se lo había leído a los maestros. Sólo después, cuando los alumnos se lo supieran de memoria, el maestro podría ofrecer explicaciones sobre el significado del verso.[22]

Debido a su naturaleza de pórtico debe estar bien formado y enmarcado. Para los primeros grados, muchos maestros encienden una vela de cera de abeja y piden a la clase que se ponga de pie para decir el verso. Algunos maestros también hacen sonar una campana, o tocan unas notas con un triángulo musical. Yo me aseguré de que los niños estuvieran erguidos y bien parados. En los cuatro primeros grados con los brazos sobre el pecho, que es un gesto de estar centrado.

> El Sol con amorosa luz
> me ilumina cada día.
> El alma con la fuerza del espíritu
> da fuerza a mis miembros.
> A la luz del sol que brilla claro,
> reverencio, oh, Dios,
> la fuerza de la humanidad
> que tan gentilmente
> has plantado en mi alma,

> para que con todas mis fuerzas
> pueda amar trabajar y aprender.
> De ti vienen la luz y la fuerza,
> A ti el amor y el agradecimiento.[23]

Este encuentro inicial como clase a través del verso siempre se ha sentido como una bendición para el día. Irradia calidez, amor y bondad. Uno puede sentirse sostenido por la suave positividad de las palabras saludables. Es un puente entre la vida del sueño y la del trabajo que nos espera, entre la noche oscura y el día lleno de luz, entre el descanso y la alegre actividad. Nos recuerda desde donde hemos venido y lo que se espera de nosotros. Son como manos que nos ayudan, que nos elevan hacia la rectitud y las abundantes posibilidades que nos depara el día. Las palabras son reconfortantes y tienen una cualidad protectora y edificante, que saca lo mejor de nosotros. Si se pronuncian con la reverencia adecuada, los niños experimentarán la "luz amorosa" en sí mismos, sintiendo inconscientemente que la fuente creativa vive en todas las personas. Para los dos primeros grados, añadí gestos a las palabras, a los que renuncié al llegar a tercer grado, en el que los niños son más de aspecto terrenales. Steiner incluso sugirió que el verso podía cantarse, pero nunca lo he oído cantado.

En quinto grado, el llamado "año dorado", los alumnos reciben el segundo verso, que los acompañará hasta doceavo grado. Para entonces ya no les pedía que cruzaran los brazos sobre el pecho, sino que nos poníamos de pie erguidos, los brazos a los lados, esperando el silencio interior y exterior, y comenzábamos:

> Miro al mundo
> En el que brilla el sol
> en el que centellean las estrellas,
> en el que reposan las piedras;
> donde crecen las plantas vivas,
> donde viven bestias sensibles,
> donde el ser humano, dotado de alma,
> da al espíritu una morada.
> Miro en el alma
> que vive dentro de mi ser.
> El Creador del mundo se mueve
> a la luz del sol y del alma,
> en el amplio espacio del mundo exterior,
> en las profundidades del alma aquí dentro.

A Ti, Espíritu Creador,
ahora dirigiré mi corazón
para pedirte fuerza y bendición
para aprender y trabajar
en lo más profundo de mi ser.

Las traducciones anteriores del alemán al inglés son de Arvia Mackaye Ege (con ligeras variaciones, como *"humano"* en lugar de *"hombre"*, *"pedir"* en lugar de *"suplicar"*), que fue una de los miembros fundadores del Escuela Waldorf de Hawthorne Valley. Existen varias traducciones y se recomienda que las respectivas escuelas se decidan por una traducción para que cuando las clases se reúnan, puedan recitar el mismo Verso de la Mañana al unísono. Algunas traducciones son una combinación de varias traducciones.

En ambos versos se rinde homenaje al mundo exterior y al mundo interior. La siguiente cita de Steiner resume la esencia de ambos versos: *"Para conocer verdaderamente el mundo, mira profundamente dentro de tu propio ser; para conocerte de verdad a ti mismo interésate por el mundo"*.[24] Es un tema que Steiner repite en diferentes formas una y otra vez, y crea la base firme del autoconocimiento y el auto desarrollo. Los alumnos lo sienten, aunque no siempre lo admitan.

Cuando mi esposa entró en el 13° grado de la Escuela Rudolf Steiner de Bochum Langendreer, Alemania, para completar su Abitur, la clase decidió seguir diciendo juntos el verso de la mañana, aunque ya no era obligatorio hacerlo, lo que confirma la profunda conexión que tenían los estudiantes con el verso de la mañana.

Del mismo modo, en los últimos años, cuando pregunté a los de doceavo grado, si querían seguir diciendo el verso matutino durante los ensayos de la obra de teatro, que siempre tiene lugar al final del ciclo escolar, casi siempre elegían continuar, en lugar de decir un verso que podría prestarse más para el teatro.

Trabajo con el verso de forma creativa, no sólo durante la obra de teatro de los de doceavo, sino que también de forma intermitente durante las clases principales en preparatoria, cuando puede convertirse fácilmente en una rutina vacía o cuando el discurso se vuelve descuidado y la pesadez física, unida al letargo matutino, enturbia las palabras. Por ejemplo, lo hemos dicho mientras algunos alumnos improvisaban gestos o añadían pasos de baile. Los he animado a que pusieran el verso en sus propias palabras. O hemos dicho el verso solo en nuestra cabeza en silencio, a veces con o sin movimientos. Hemos repartido las líneas entre los alumnos, o secciones habladas según las filas. Hemos susurrado el verso, acentuado los ritmos. Y para evitar que el verso sonara como un canto fúnebre hemos cambiado las pausas para enfatizar el significado. Hemos dicho el verso en varios idiomas, lo que suele conseguir que los alumnos lo pronuncien con más vivacidad. Hace unos años, un estudiante chino trajo una versión en chino. Les he preguntado qué podría sustituir ese verso. Aunque se les ocurren otros poemas, la mayoría coincide en que ninguna de las sugerencias puede encarnar el mismo tipo de poesía apropiada y de duradera calidad. Cuando pido voluntarios que pasen al frente y digan el verso solos, a menudo tropiezan con las palabras, al darse cuenta de que han estado diciendo el verso automáticamente, llevados por el grupo. En los grados superiores, es bueno hacerles comprender las palabras y el significado, para que digan el verso de forma que sea más conscientemente. A menudo es la primera vez que dicen el verso con un conocimiento de manera deliberada. Todavía no lo he cantado con ellos, pero quizá … el próximo bloque.

Desde el primer grado en adelante me he esforzado por articular cada palabra con la mayor claridad posible e imbuir el verso de la claridad y musicalidad del habla. Sin embargo, me abstuve de trabajar el lenguaje con el mismo rigor que normalmente solía hacer con otros poemas, prefiriendo dejarlo en ellos, estimulándolos por mi ejemplo. En mi primer bloque con noveno grado, puedo cerciorar algo sobre el grupo a través de la forma en que dicen el verso de la mañana. ¿Suena como algo aburrido o hablan con fuerza y articulación?

El verso para los grados superiores empieza con "yo", pero en muchas clases ese "yo" se pierde, y los alumnos sólo empiezan a hablar en la tercera o cuarta palabra, porque siguen tímidamente al maestro. Eso también lo evito, pidiéndoles que empiecen conscientemente con *ese nombre especial que de manera conjunta* hace elución al "yo" - la parte más enigmática de sí mismos, el capitán de sus almas. "Pon algo de *voluntad* en ello. Se lo deben a ustedes mismos".

El año pasado (en el momento de escribir esto) recibí un correo electrónico de una exalumna que se había graduado el año anterior, pidiendo una copia impresa del verso de la mañana. Por supuesto que ella se lo sabía de memoria, pero necesitaba tener la puntuación correcta porque quería utilizarlo para un trabajo universitario. La tarea consistía en escribir un ensayo personal basado en una obra literaria que hubiera sido importante para el estudiante. Carly había elegido el verso de la mañana. Unas semanas más tarde recibí el ensayo, que había titulado "Luz del sol y luz del alma". Ella menciona cómo el verso se volvió tan rutinario durante el horario escolar, que el contenido que menciona Steiner de lo que quería transmitir se perdió. Ahora que ella estaba en la universidad y "lejos de la rutina" ella "quería volver atrás y ver la importancia de este poema y cómo sigue afectando a mi vida. Carly continuó escribiendo acerca de cómo "enfatiza la importancia" para cada persona. "Expresa cómo todo el mundo está aquí en esta tierra para mejorarla si realmente se desafían a sí mismos". Luego profundizó línea por línea, en cómo la motivaba a ser una *observadora*, a ver de verdad el mundo y a la otra persona, a ver y ser vista en su propia *esencia*. También incluyó de manera sutil una reprimenda de cómo los maestros no siempre la veían, de las luchas que estaba teniendo. Un recordatorio importante: ¿vemos el verdadero mundo interno de cada alumno? ¿Los conocemos, los ayudamos, los cuidamos, los nutrimos para que se sientan realmente vistos?, ¿plenamente?. Me hizo darme cuenta de que los maestros también somos susceptibles de regurgitar el verso de la mañana de una manera aburrida y desganada. ¿Estamos pensando en algo totalmente diferente mientras lo decimos? Me he sorprendido a mí mismo haciendo exactamente eso. (En una conversación reciente con mi esposa, me dijo que, cuando era estudiante, siempre pensaba en las palabras, todos los días sin falta, durante toda la preparatoria). Fue emotivo leer las reflexivas palabras de Carly Disbrow; cómo el verso le hizo querer hacer su mejor esfuerzo y como continuó apoyándola durante la preparatoria. El verso ayuda a "levantarte cada mañana y a mantener tu alma y tu ser creciendo".

Quedé anonadado con una frase al final de su ensayo en la que afirma: "El final del poema suena casi como un *voto*. Un voto que se hace una vez que has encontrado tu propósito en la vida".

Pedir que la fuerza y la bendición
para aprender y trabajar crezcan
en lo más profundo de mi ser.

21 Rudolf Grosse, *Erlebte Pädagogik: Schicksal und Geistesweg* (Dornach: Verlag am Goetheanum, 1998), p. 60. (traducción libre del autor). Grosse fue alumno Waldorf en la Escuela Waldorf original de Stuttgart y miembro de la primera promoción. Más tarde se convirtió en la Escuela Waldorf de Basilea (Suiza).
22 Rudolf Steiner, *Faculty Meetings with Rudolf Steiner*: Volumen 1, (Anthroposophic Press, 1998)
23 Traducido por Arvia Mackaye Ege
24 Rudolf Steiner, *Verses and Meditations* (London: Rudolf Steiner Press, 1979)

Parte rítmica

"Escolarizar los sentidos se ha convertido en lo más nuevo y esencial para la 'educación de la verdad'. Un efecto importante de los medios de comunicación ha sido el atacar nuestra capacidad de educar nuestros sentidos y nuestra capacidad de encontrar la verdad y el bien". [25] ~ Michaela Glöckler

LOS "EJERCICIOS DE APERTURA", también llamados "hora del círculo», suelen seguir inmediatamente después del verso de la mañana y constituye la fase fundamental de la clase principal. Prefiero llamarla la "parte rítmica" de la mañana (del alemán-Rhytmischer Teil), porque acoge calurosamente a los alumnos al ritmo del día a través de las cadencias de la poesía, la música y el movimiento. Además, la parte rítmica trasciende el ámbito de los meros ejercicios a varios niveles. Fundamentalmente, conecta al ser con el mundo a través de la ayuda de los doce sentidos (según la definición de Rudolf Steiner), a los que se dirige y estimula de un modo u otro. Los sentidos son órganos de percepción que hay que estimular en la medida de lo posible. Especialmente los sentidos fundamentales o *de la voluntad*

(movimiento, equilibrio, tacto y bienestar/vida), ayudan a despertar y agilizar los *sentidos cognitivos* (ego, pensamiento, palabra y oído/sonido). Y los sentidos medios (calor, vista, gusto, olfato) se enfocan principalmente en el *sentir* (el calor y la vista alcanzan a los sentidos superiores, y el gusto y el olfato a los sentidos fundamentales). Además, la poesía y la música no sólo enriquecen la verdadera vida interior del alma, sino que apoyan la temática de los respectivos bloques a los que están invariable e íntimamente conectados. La mañana no sólo es la puerta de entrada al día y a la clase principal, sino que inaugura la parte rítmica, poniéndola en marcha.

En los últimos años, la parte rítmica también ha recibido una buena cantidad de críticas negativas. Aunque en parte justificadas, se trata más bien de abordar esta sección con mayor profundidad y sentido artístico, en lugar de devaluarla porque "pierde" un tiempo valioso que podría emplearse mejor para aprendizaje. Si se utiliza correctamente, se convierte en una parte esencial del aprendizaje. La parte rítmica se desarrolló de forma natural y se convirtió en un componente integral de la clase principal desde los primeros años de la educación Waldorf. Heinz Müller, quien fue enviado por Rudolf Steiner a enseñar a la Escuela Waldorf de Hamburgo en 1923, escribe:

> Al comienzo de la clase, el maestro y los niños dicen juntos el verso matutino. Luego viene un poco de música, con los niños más pequeños tocando las flautas de bloque (de madera) al unísono, y más tarde otros instrumentos también. Además, habrá práctica de canto coral con acompañamiento instrumental. Por último, una serie de ejercicios de expresión oral por parte de los niños, individualmente o en grupo, en los que deben trabajar con la máxima exactitud. [26]

La parte rítmica constituye la *base* de la clase principal, ya que despierta las fuerzas "mentales" del niño y prepara el terreno para la actividad cognitiva. No es exagerado afirmar que contribuye a sentar las bases de la cultura y la civilización. Canciones y poemas que expresan artísticamente los fenómenos naturales y se relacionen con diversas actividades humanas se inculcan en los estudiantes a lo largo de muchos años, lo que, como resultado, enriquece la vida de los alumnos. Aumenta sus percepciones y suscita de forma natural poemas o canciones que enfatizan cualidades estacionales: una tormenta de verano, vientos otoñales, la suave caída de la nieve, el correr de un arroyo, etc. Por ejemplo, cuando aparecen los primeros narcisos en primavera, las palabras "Vagué solitario como una nube..." podrían naturalmente aparecer y convertir ese momento en una celebración. Inculcar canciones y poemas se convierten en regalos para toda la vida. Los alumnos Waldorf llevan un tesoro dentro de ellos, convirtiendo la prosa de la vida en poesía.

Esta sección ayuda a que los niños muestren sus (12) sentidos. No hace falta mucho para despertar a los niños, aunque me inclino a pensar que los niños de hoy en día harían bien con una parte rítmica *ligeramente* ampliada, porque la poesía, el movimiento y el canto ya no están tan presentes nuestra cultura de forma tan natural y firme como en tiempos pasados. Además, en esta época de dominio de la pantalla, nuestros niños se ven privados de movimiento ordenado y natural como nunca antes en la historia. Necesitamos restablecer un equilibrio, trayendo de regreso el movimiento al cuerpo, alma y mente. Así que muchos niños que están *conectados* a sus pantallas están *desconectados* de sus voluntades, y para despertar en sus mentes, primero necesitan entrar en sí mismos y ser "reatados", por así decirlo. Parte de la responsabilidad del maestro es llevar gradualmente el ego en desarrollo del niño a su cuerpo para que pueda desplegar su individualidad. Uno podría decir que la pedagogía Waldorf es una "educación del Ego" en la medida en que deja espacio para que el niño abrace su "yo eterno" para que más adelante, cuando crezca, sea menos egoísta. El requisito previo para ello es una profunda educación de la voluntad, subrayada por Willi Aeppli:

> La educación de la voluntad es imposible sin el cultivo de los sentidos de la voluntad. En segundo lugar, es necesario ser consciente de que el desarrollo de los sentidos cognitivos por los que los niños aprenden en la escuela está ligado a un sentido de la voluntad bien desarrollado. Es bueno recordar repetidamente este hecho, que los sentidos cognitivos se originaron mediante la metamorfosis, a través de una especie de desarrollo de los sentidos de la voluntad. Un desarrollo sano de los sentidos cognitivos en el niño presupone un organismo sensorial inferior sano. [27]

En un nivel básico, la parte rítmica, que aborda la voluntad y el sentimiento de vida, sintoniza y une a los niños, lo que fomenta la armonía interior y exterior con el fin de hacerlos más receptivos al aprendizaje. Para los grados de primaria menor puede ser un poco más larga, aproximadamente de media hora a cuarenta y cinco minutos, y para los grados superiores no debería extenderse mucho más allá de quince o veinte minutos. Si se prolonga demasiado y no se lleva a cabo adecuadamente, los niños se cansan, lo que provoca interrupciones. No obstante, depende del día, de la clase, del humor, de la estructura de la clase de la mañana y de cómo el maestro evalúe la situación. También hay que tener en cuenta si la clase principal dura dos horas completas o sólo 105 o 90 minutos. Aunque tiene un profundo valor pedagógico, *no* pretende ser una clase de canto o movimiento, sino un *calentamiento*, un *despertar*, aunque sea un calentamiento con sonido y efectos de largo alcance.

Algunos niños necesitan que se les despierte de su estado somnoliento o perezosos, mientras que otros necesitan calmarse. Aunque Steiner no se refirió explícitamente a la parte rítmica *per se*, subrayó repetidamente la práctica y la importancia de la poesía y el canto en las clases principales que fue tomado muy activamente por los primeros maestros Waldorf a partir de 1919 en adelante. Y a menudo daba a los maestros ejercicios de movimiento, a veces individuales para los niños, pero a menudo practicados por toda la clase. La intención es implicar al niño en su totalidad y hacer que poco a poco adquiera su voluntad, no a través de ejercicios corporales rigurosos y mecánicos (como gimnasia), sino a través de los ritmos implícitos de la poesía, música y movimientos formativos y armonizadores, que estimula su flujo sanguíneo y ecualiza su respiración.

El maestro puede percibir de un vistazo las necesidades de todo el grupo y de cada niño. La mayoría de las veces los alumnos tienen largos desplazamientos, lo que les hace estar o bien letárgicos o hiperactivos. Por supuesto, que hace la diferencia y no es lo mismo cuando la escuela esté situada en una zona rural, suburbana o urbana. Lo ideal sería poder llegar caminando a la escuela, pero eso se ha convertido en la excepción. La mayoría se desplaza en automóvil, autobús, metro o tren, donde inevitablemente están expuestos a ruidos fuertes, como el tráfico o el sonido de la radio del coche. Además, muchos estudiantes de secundaria y preparatoria están enganchados a sus dispositivos móviles, aislados del mundo exterior y escuchando música a través de sus audífonos. ¿Y cuántos han desayunado? Afortunadamente, la combinación del habla, el canto, la flauta ejercicios de concentración, juegos de dedos y movimiento, puede armonizar a los niños para darle orden y equilibrio a sus mañanas potencialmente agitadas.

Sin embargo, es importante que esta sección rítmica de la mañana no se convierta en una rutina, ejecutada de manera superficial. Debe mantenerse viva, basada en expectativas claras. No se trata de dedicar demasiado tiempo a estas actividades de apertura, pero el tiempo debe aprovecharse bien, lo que significa que la parte rítmica debe desarrollarse de forma centrada, ordenada y artística. Los poemas y las canciones aportan alegría a la mañana, por lo que unifican así el grupo completo. Una vez reunidos y despiertos, están preparados para recibir y asimilar el contenido de la clase.

Además de armonizar la respiración y la circulación, este trabajo rítmico mejorará sus habilidades. Les fortalece como grupo e individualmente. También ofrece muchas oportunidades para que el maestro observe a los alumnos mientras se enfrentan a las distintas actividades - agilidad de cuerpo y mente, capacidad de concentración, elasticidad del habla, etc. Aunque la imitación sigue desempeñando un papel importante en primero y segundo grado, uno debería de aspirar a que ellos hablen, canten y toquen, sin el apoyo del maestro.

Cuando el niño entra al salón de clases, lleva consigo los ecos de la vida del sueño. El cuerpo, aunque todavía se está despertando gradualmente, ha descansado y se ha rejuvenecido. Y según las enseñanzas de Pitágoras, el mundo del sueño está impregnado con música cósmica, donde las estrellas fijas, el sol, la luna y los planetas tienen sus voces únicas, cantando juntos en un poderoso coro siempre cambiante: la "música de las esferas". Platón alude a ella y Aristóteles expone convincentemente la armonía de las esferas de Pitágoras. Rudolf Steiner, utilizando términos teosóficos, habla del reino del *Devachán* (Reino Dichoso) que atravesamos cada vez que nos vamos a dormir.

El Devachán inferior es silencioso y está lleno de colores en movimiento. En cuanto entramos en el Devachán superior, empezamos a oír sonidos. La armonía de las esferas llena el mundo fluido del color, y en la parte más alta del Devachán oímos la palabra musicalmente hablada - el *logos*.[28] Como el pensamiento de Pitágoras enseñó a sus alumnos en su escuela de misterios de Crotona, en el sur de Italia, las armonías sonoras se hacen más tenues a medida que nos acercamos a la Tierra desde la inmensidad del cosmos sonoro, hasta que nos quedamos con el silencio y la oscuridad. Hablaba desde su experiencia directa. Sin embargo, todos tenemos un recuerdo de estas armonías celestiales, y los mitos de la creación de todo el mundo aluden a esta música divina. Por esa razón es por la que amamos tanto la música. Nos recuerda al Devachán. Con esto en mente podemos entender la sabiduría de empezar el día y horario escolar con poesía y música, ya que a los niños les recuerda de dónde han venido, su *verdadero hogar*. A través de la música, la palabra y el movimiento recordamos los ritmos del cosmos, los sonidos y ritmos de la sinfonía suprasensible.

Otras actividades, como los ejercicios de matemáticas mentales, se han convertido en un elemento básico durante la parte rítmica. Se pueden practicar de diversas formas, lo que ayuda a abordar diferentes modalidades de aprendizaje. Para los alumnos más auditivos se puede utilizar sonidos para representar números, por ejemplo: un carillón para la unidad, una campana para las decenas y un tambor para las centenas, o la práctica rítmica de las tablas con palmas, costalitos de semillas o palos. Las posibilidades son infinitas: el uso de gestos con las manos, movimientos corporales, lanzamiento de pelotas o simplemente repasar a través de una historia numérica. Es aconsejable dar un descanso a estos ejercicios, uno del otro, dejando que se asimilen, para despertarlos de nuevo en otro momento de forma ligeramente modificada. Y algunos maestros dejan de lado estos ejercicios mientras tienen el bloque de matemáticas.

La sabiduría de empezar el día escolar con poesía, canciones, y juegos es algo que sólo puedo confirmar y reconocer con el mayor entusiasmo. Después de más de tres décadas de docencia, he experimentado de primera mano su valor y los efectos de salud que tiene. La parte rítmica ha sido esencial en mis clases principales a lo largo de los grados incluso en preparatoria, aunque adquiere una forma diferente y es mucho más reducida. Es una parte integral de la mañana. Asienta, estabiliza y refuerza el estado de ánimo. Es como el olor celestial del pan recién horneado: alimento para el alma. Y, sobre todo, es disfrutable.

EL HABLA

"Hoy en día, el impulso original de la palabra está presente en la especie [humana] sólo en un mínimo grado. Hay una razón amplia de este hecho. Desgraciadamente, el habla como arte no tiene lugar en la educación. En nuestras escuelas, y en las escuelas de otras naciones también, han perdido contacto con el arte por completo; y es por eso por lo que en nuestra Escuela Waldorf tenemos que defender con tanta fuerza lo artístico en la educación".[29] Rudolf Steiner

DURANTE LAS "discusiones" de STEINER con los maestros fundadores de la Escuela Waldorf, se dio cuenta de que su articulación y sus capacidades para una narrativa rica y viva necesitaban trabajo. Lo planteó por primera vez en la 4ª Discusión y llegó con ejercicios de discurso recién redactados al siguiente día (26 de agosto, 1919).

"Me gustaría que repasaran estas frases y las repitan por turnos sin vergüenza, para que con la práctica constante hagan nuestros órganos del habla elásticos; podemos hacer que estos órganos hagan gimnasia, por así decirlo. Frau Steiner dirá las frases primero como debe hacerse artísticamente, y pediré a cada uno de ustedes que las repitan después de ella."[30]

A partir de entonces, cada *discusión* comenzaba con ejercicios del habla, una mini "parte rítmica" para los maestros. Y ellos mismos necesitan un despertar rítmico en el habla y la música tanto o más que los niños. Al fin y al cabo, la mejor herramienta del maestro es su voz, sobre todo durante el segundo ciclo de los siete años del niño en crecimiento, donde la enseñanza es predominantemente narrativa, y donde el niño tiene hambre de todo lo pictórico. O en palabras de Steiner: "Cultiva el habla en ti y en tus hijos con el mayor cuidado, ya que la mayor parte de lo que un maestro da a sus hijos les llega de las alas de la palabra".[31] El habla no sólo despierta la imaginación, sino que llena las imágenes de refinamiento del alma, especialmente en todo lo que hay de moral en el lenguaje.[32] El habla del maestro tiene un significado inmenso, y exige una práctica constante. Esto es aún más cierto en los primeros grados, en los que los niños aún viven en el eco de la imitación, y se ven físicamente afectados por los patrones del habla de su maestro, la dinámica y las inflexiones.

"En el principio era la palabra", se afirma monumentalmente al principio del Evangelio de San Juan. Siempre ha sido así y siempre lo será. En el habla reconocemos "una relación entre el ser humano y el cosmos ".[33] Practicar el habla y adentrarse en la gran poesía desde el primer día en el primer grado es una forma de aferrarse a esta fuerza sagrada y primigenia, imbuida de la chispa divina, especialmente en nuestra época en la que el habla se ha empobrecido y reducido hasta un punto espantoso, ayudado por el tsunami digital. El habla ha perdido en gran medida su lugar en las siete artes liberales y necesita ser reinstaurado, resucitado, renovado. Los alumnos entran en la escuela con muchos defectos del habla que requieren atención consciente. E incluso cuando no hay defectos del habla, notamos un habla descuidada, confusa e inarticulada, que se convierte en la norma. La correcta formación del habla es la base de una buena gramática y ortografía (incluidos los desvaríos de la fonética), y es un requisito previo para el pensamiento claro. Levanta el ánimo, oxigena la sangre y es una fuerza creativa – como lo es la música y las artes.

En los infantes, el habla se desarrolla a partir del movimiento y precede al pensamiento. Siempre sorprende la rapidez con la que los niños aprenden a hablar su lengua materna, y todo es por *imitación*. Por lo tanto, a los adultos que rodean a los niños les corresponde que hablen siempre con la mayor claridad y belleza posible. Contarles cuentos y leerles tiene un valor incalculable y nunca se puede compensar en la vida. En los dos primeros grados, la imitación sigue siendo muy fuerte – una herencia de los primeros siete años. Por lo tanto, el discurso del maestro es de gran importancia. Al mismo tiempo, los niños están entrando al segundo ciclo de siete años, en el que aprenden el contenido de las clases a través de una fuerte y gran imaginación dada por una persona a la que quieren y veneran - una figura de *autoridad* benévola y de confianza.

Los trabalenguas y los ejercicios vocales apropiados para su edad preceden a los poemas, que calientan, estimulan y aflojan los músculos de la boca de los niños. El ritmo es la base de toda poesía, especialmente para los niños pequeños, lo que la hace tan eficaz. Ya con los niños de primer grado se puede trabajar el discurso bastante, y no hay que confiar únicamente en su capacidad de imitación. Es bueno desarrollar el hábito de hacerles que escuchen la calidad de su propia habla. ¿Hablan al unísono? ¿Las consonantes están bien articuladas? ¿Las vocales se ensanchan y se rellenan? ¿Pueden desarrollar flexibilidad para decir "cuero rojo, cuero amarillo" cinco veces seguidas? (Es posible que algunos alumnos todavía digan "amalillo" en lugar de amarillo). Incluso en primer o segundo grado se pueden pedir "valientes voluntarios" para decir el trabalenguas por separado. Suele traer alegría a la clase, ya sea en el primer grado o en la clase de doceavo grado. Muchos de los ejercicios para primer grado los escribí yo mismo, basados en las letras del alfabeto, uno para cada letra. *"Las olas salvajes se habían movido / Y arrastrado los anchos barcos / A la playa blanca donde ahora dormían / los hombres cansados / bajo un sauce llorón".*[34] En este ejemplo, podemos ver que se relaciona claramente con el bloque de la clase principal sobre la escritura.

En cuanto a la poesía: aunque se eligen poemas adecuados conforme a la edad, no hay por qué elegir poemas sencillos y superficiales para los más jóvenes. ¡Lo importante es el lenguaje - el ritmo, ¡la rima y los sonidos de las palabras! El verso de la mañana, por ejemplo, es poético y profundamente significativo. Los poemas deberían ser escogidos por su mérito artístico tanto como por su contenido. Los niños no necesariamente tienen por qué comprender los poemas de forma analítica, sino que pueden disfrutar de su musicalidad y el estado de ánimo que transmiten. Sin embargo, introducir estos poemas con imágenes imaginativas y algunas explicaciones que los contextualicen, que ayuden a los niños a comprender la esencia de los poemas, y por qué fueron elegidos: un punto de orientación. En los primeros grados los niños anhelan añadir gestos a las palabras, seguir el ritmo de los poemas, sentir las sílabas en sus brazos, manos y dedos.

Casi pueden saborear lenguaje a través del movimiento. Ciertas combinaciones de sonidos que les atraen, les encanta repetirlas una y otra vez. Hay que procurar que los gestos estén al servicio del lenguaje, de la poesía. Los movimientos instintivos, como en los deportes, deberían evitarse. Los movimientos ayudan a la articulación, pero no deben ser ni demasiado fuertes, ni demasiado ligeros, tampoco demasiado bruscos ni estridentes. Como en tantas cosas en la vida - el equilibrio es la clave.

Después del cambio de nueve a diez años, se pueden disminuir gradualmente los movimientos corporales y centrarse en el lenguaje, la dinámica, el fraseo y las sutilezas. El habla a coro alimenta la vida anímica de los alumnos a lo largo de todos los grados. El ritmo vive en el corazón, y el corazón nunca duerme, nunca se cansa, y en ese sentido, nos aferramos a las fuerzas del corazón. No hace falta mucho para ver el color en sus rostros, y verlos renovados y listos para aprender y escuchar.

A lo largo de los años los alumnos que han pasado por una Escuela Waldorf tienen todo un tesoro de poesía almacenado en su interior. Los que tengan buena memoria podrán recitarlas durante toda su vida. Mi esposa, por ejemplo, de repente dice un poema o canta una canción, impulsada por un recuerdo: la estación, la salida del sol o de la luna, la bruma matinal, la mención de un nombre - cualquier cosa. Siempre me asombra lo que a veces ha estado latente y durante décadas. Y eso también es cierto para mis tres hijos que pasaron por Waldorf, aunque no lo expresan con tanta libertad.

MÚSICA

"En el curso de la evolución histórica de la humanidad,
el habla ha surgido de un elemento de canto primigenio.
Cuanto más nos remontamos a la prehistoria, más se
parece el habla a la recitación y, finalmente, al canto.[35]
-Rudolf Steiner

TENER LA OPORTUNIDAD de cantar todos los días - ¡qué regalo! En las culturas de todo el mundo, bailar y cantar era incorporado en los ritmos diarios de la gente, desde el amanecer hasta el anochecer, y a menudo hasta bien entrada la noche.

Era algo natural. Casi todas las tareas iban acompañadas de una canción, transmutando la rutina en ritual, dejando que la eternidad brillara y resplandeciera desde el interior del momento. Lástima que en nuestras culturas modernas ya no sea necesariamente así - ni en la mayoría de los hogares, ni en muchas escuelas, por no hablar del lugar de trabajo. No hay garantía de que los niños vayan a recibir siquiera rudimentarias clases de música. Por supuesto, todavía se ofrecen espacios de coro y "banda", e incluso puede que la escuela tenga una orquesta, pero, por lo general, sólo está disponible para estudiantes de secundaria o preparatoria o para los que eligen cantar o tocar un instrumento, lo que podría conducir a una forma de discriminar entre los que tienen talento y los demás.

Cuando pregunto a los alumnos de nuestras clases de formación de maestros cómo fueron sus experiencias musicales en la escuela, de manera repetida me quedo asombrado al oír lo poco que cantaban en la escuela o en otros lugares. Se ha convertido en una excepción que se tengan alumnos versados en conocimientos musicales básicos (y no me refiero a músicos formados). La mayoría no conoce la diferencia entre un tono entero y un semitono (por no hablar de la diferencia entre negra y corchea), mayor y menor, o el significado de un intervalo. No sólo sienten que se han perdido algo integral, sino que les entristece profundamente haber recibido tan poca música mientras crecían. Basta con escuchar a un grupo de personas cantando "Feliz Cumpleaños" para darse cuenta cómo incluso las melodías más sencillas se cantan desafinadas. Sin embargo, cantar solo o acompañado es uno de los pasatiempos más divertidos para niños y adultos. Une a la gente, realza el momento, es festivo. Cantar es un acto social por excelencia. Es por excelencia humano. Pero si se ha negado o considerado sin importancia, entonces los niños, y más tarde los adultos, automáticamente huyen de la música y rara vez la practicarán por su propia voluntad, dejando el alma desnutrida. Hay mucha verdad en las palabras de Reinhild Brass, maestra de música de la Widarschule en Wattenscheid: "Cuando el músico que lleva dentro el ser humano enferma, se atrofia o incluso muere, entonces, en esencia, muere todo el ser humano".[36] No es de extrañar, pues, que nuestra época se vea acosada por problemas aparentemente insuperables: pandemias, guerras, codicia, luchas de poder, el medio ambiente en peligro. La sociedad necesita más que nunca los efectos armonizadores de la música. La música ayuda a consolidar las fuerzas vitales etéricas al cuerpo físico, lo que, a su vez, nos hará más eficaces en el mundo.

Los humanos tienen intrínsecamente un profundo anhelo de música y agradecen cualquier oportunidad que se les pueda llegar a presentar. Todos somos intrínsecamente musicales, aunque se manifieste de forma diferente en cada una de las personas. Por tanto, los que están estudiando para ser maestros, están agradecidos de recibir alguna experiencia musical en nuestro programa, aunque nunca es suficiente. Sin embargo, para muchos de ellos, al igual que para muchos adultos, la participación en la música suele ir acompañada de un sentimiento de vergüenza, incluso de miedo de no cantar correctamente; el sonido y tono de su propia voz. Se sienten expuestos. Abunda el analfabetismo musical, e incluso cantar "de oído" y mantener una melodía ya no es algo evidente. Razón de más para crear un lugar seguro donde el músico interior pueda desarrollarse. Cada sonido nos forma,

igual que cada percepción sensorial tiene efectos formativos, especialmente en el niño pequeño.

Tener experiencias musicales directas no sólo es un derecho humano, sino que forma parte de las necesidades esenciales de la vida, vital para cualquier educación. El alma necesita alimento musical para desarrollar todo su potencial. Como dijo el Bardo en Noche de Reyes, "Si la música es el alimento del amor; toca". Y todo aprendizaje debe basarse en el amor. Y por eso se incluye el canto en las clases principales desde primer grado hasta octavo grado, e idealmente en las clases de preparatoria también. Al igual que el habla, unifica y crea ambiente. Y, de hecho, en la mayoría de las clases Waldorf, incluso fuera de la clase principal, el canto o algún elemento musical es incluido, especialmente durante las lenguas extranjeras, la euritmia, y, por supuesto, en las clases de música. Pero las canciones también pueden ser para introducir clases de pintura o dibujo, manualidades y trabajo en madera. En las escuelas Waldorf la música está sana y viva.

Para los dos primeros grados Rudolf Steiner sugirió el canto de canciones pentatónicas, basadas en el intervalo de la quinta, ya que se prestan más íntimamente a estos grupos de edades. Sus indicaciones fueron posteriormente retomadas, exploradas y desarrolladas a fondo. Lo que se conoce como "el ambiente de la quinta" se practica ahora en las escuelas Waldorf de todo el mundo: música que aún no está lastrada por la tónica de la tonalidad. Como sabemos, al tocar las teclas negras del piano, ninguna de las notas sonará "mal", y podemos terminar la melodía en cualquier nota. Siempre sonará bien y no clamará una resolución.

El intervalo de 5ª es un intervalo abierto que ronda los bordes de nuestro cuerpo. Es un intervalo de equilibrio. La quinta ascendente y descendente nos lleva ligeramente fuera y dentro de nuestro cuerpo, ni mucho ni poco. En este sentido también podemos llamarlo el intervalo de la respiración: una inhalación y exhalación suave y calmante. El estado de ánimo de la quinta apoya y se funde con la sensación de asombro que se encuentra en los cuentos de hadas - libre de los límites del tiempo y el espacio. Como dice el viejo adagio: "Todo aprendizaje comienza con el asombro". El ambiente de la quinta no está tan ligado a la tierra y, como ya se ha dicho, tiene una ligera conexión con el tiempo y el espacio, al igual que los niños de los dos primeros grados. Facilita una encarnación suave.

La mayoría de las canciones están relacionadas con las estaciones del año y el plan de estudios correspondiente. Sin embargo, el ambiente de la quinta *no es tan fácil de entender para la mayoría*. Muchos maestros (incluso músicos) tardan un tiempo en vivir su ambiente intemporal y descubrir su magia.

Algunos maestros incluso sienten una resistencia a ello. Pero si uno se toma el tiempo necesario para descubrir su esencia, experimentaremos sus efectos saludables o, en palabras de Nancy Blanning en el prólogo del libro *"The Mood of the Fifth"*, "Si podemos profundizar en comprender esta música, la cultivamos en nuestras propias almas y la practicamos cada día, esta canción potenciada puede llegar a cada niño de cada salón como un bálsamo curativo".[37] Durante mis prácticas en la escuela Waldorf de Widarschule en Wattenscheid, Alemania, tuve la suerte de sumergirme de lleno en el ambiente de la quinta. En aquella escuela habían introducido la música como asignatura de la clase principal (algo que no he vuelto a encontrar en ninguna otra escuela desde entonces). En aquel entonces, no conocía sobre el trasfondo teórico de esta "nueva música". Pero experimenté sus efectos y no dejaba de preguntarme que era lo que hacía que esta música se *sintiera* tan diferente. ¿Qué le da esa atmósfera de aire puro? ¿Cómo puede evocar este estado de ánimo único? Cuando Reinhild Brass me lo explicó, todo cobró sentido. Llegué a comprenderlo de inmediato porque lo había vivido íntimamente y pude observar que los niños respondían a la cualidad tonal flotante y al ambiente de "apertura" de esta música.

La puesta en práctica del "ambiente de la quinta" ahora también forma parte de los fundamentos de las escuelas Waldorf. El ambiente de la quinta, por supuesto, no sólo depende de la escala pentatónica, sino también de la manera suave y ligera de cantar, según el ritmo de la respiración. Las canciones no enfatizan el ritmo del pulso, ni mucho menos el compás. Dicho esto, se puede disfrutar del elemento rítmico y también incluir canciones populares diatónicas sencillas. Pero, si uno no cultiva el ambiente de la quinta, al menos en cierta medida, entonces los niños se pierden un elemento artístico y anímico que nunca más podrán recuperar en una etapa posterior con los mismos efectos saludables. Se habrán perdido algo que nunca podrán recuperar. Menciono esto porque, como algunos de los otros "fundamentos Waldorf", también corre el riesgo de ser descuidado, pasado por alto, malinterpretado y descartado.

Con cada grado, las canciones se vuelven más desafiantes. Las canciones diatónicas se cantan predominantemente en el tercer grado, con el objetivo de cantar juntos al unísono. Una vez que aprenden a cantar al unísono con claridad y confianza, están preparados para cantar rondas, normalmente en 4° grado, aunque algunas clases pueden estar listas al final de tercer grado, (es aconsejable resistir la tentación de cantar rondas demasiado pronto). A partir de quinto grado, los niños estarán expuestos al canto por partes, con el resultado de que los alumnos podrán cantar música compleja del repertorio clásico, así como música vocal diversa de todo el mundo, a menudo acompañada de danzas folclóricas.

Todos los alumnos aprenden a tocar un instrumento, desde el primer grado. En los dos primeros grados se utilizan las flautas pentatónicas Choroi por su tono suave y melodioso. Combinan perfectamente con las voces de los niños y están en concordancia con el ambiente de quinta. Normalmente la introduce el maestro titular durante la clase principal. Muchos maestros esperan hasta después de las vacaciones de enero para introducir las flautas. Sin embargo, yo sugiero introducirlas durante las primeras cuatro semanas de clase para que se acostumbren a ellas y practiquen su motricidad fina en proceso. Además, recomiendo usar las flautas Choroi en lugar de otras flautas pentatónicas que han salido al mercado. Ninguna puede compararse a la suavidad y ligereza del tono de la Choroi.

Las flautas soprano son introducidas en tercer grado, aunque de manera constante las flautas soprano Choroi son usadas en tercer y 4° grado como una transición natural a las flautas dulces. En 5° grado se puede introducir la flauta contralto, y para los grados de primaria intermedia la flauta dulce tenor. Para algunos alumnos de 8°, los que tienen manos grandes y dedos largos, se puede incluso introducir la flauta tenor. De este modo se consiguen maravillosas armonías a cuatro voces. Si el conjunto se logra tocar bien, puede sonar casi como un órgano. Para subrayar: tocar la flauta y cantar durante esta parte de la clase principal no debe confundirse con una clase de música. Sin embargo, sirve de gran apoyo al maestro de música. Como normalmente sólo hay una o dos a la semana, la clase principal ofrece unos minutos para practicar la música y consolidar lo que se ha introducido en las clases de música (y viceversa). Y no requiere de tanto. Unas cuantas canciones bastarán. Y con la flauta dulce se pueden alternar los días en que se canta o se practica música instrumental. En muchos casos, los alumnos tocarán también en la flauta dulce las canciones que canten, lo que también ayuda a trabajar de forma económica con el tiempo. Si el maestro titular se siente inseguro en el ámbito de la música, entonces el maestro de música suele estar más que dispuesto a entrar a una clase durante unos minutos en determinadas clases principales para trabajar las canciones, las flautas Choroi o flautas dulces.

HORA DEL CÍRCULO

"Descubrí que el tiempo dedicado a nuestro círculo en realidad nos permitía aprender de una forma mucho más económica que si nos lo hubiéramos saltado: el círculo nos hacía más eficientes. Los niños retenían más porque participaban activamente en el proceso de aprendizaje.[38]~ Torin M. Finser

LA HORA DEL CIRCULO se ha convertido en una actividad básica por las mañanas. Era inevitable que se desarrollara, porque el círculo es parte integral de muchos ejercicios y juegos de movimiento, que suelen ir acompañados de canciones o poemas. El enorme salón de clases (en cuanto a cantidad de alumnos) de la escuela original de Stuttgart y las aulas relativamente pequeñas dificultaban la creación de un círculo. El salón de clases al que asistí durante un año en Stuttgart había tenido más de 40 alumnos desde 1° de primaria y las mesas de los niños estaban todas juntas y apretadas. Y gestionar un círculo con tantos alumnos es, cuando menos, engorroso, por decirlo de la mejor manera. Se desarrolló de forma natural, sobre todo en las escuelas con clases más pequeñas, como era el caso en Inglaterra. Los círculos podían formarse en segundos sin ningún problema. Pero actualmente, con la innovación y la difusión constante del "salón móvil» en las escuelas Waldorf, el mobiliario puede desplazarse fácilmente y ya no es un impedimento, incluso para las clases numerosas. Es interesante señalar que el salón móvil se desarrolló en Alemania porque se reconoció que era necesario que hubiera más movimiento en las clases principales, especialmente en los grados inferiores.

Yo hice de mucho uso de "la hora del círculo" durante los tres primeros grados, y parte del cuarto grado. En quinto grado, cuando mi clase creció a 26 estudiantes, lo reduje considerablemente y tampoco fue tan necesario, ya que estábamos en transición hacia los grados intermedios.

Además de hacer que los niños pequeños se levanten de sus mesas y se muevan, el movimiento ordenado educa la construcción de comunidad, la interacción social sana y el trabajo en grupo. Los niños se ven unos a otros en un contexto diferente y aprenden a aceptar los puntos fuertes y débiles de los demás. Hay *juegos de escucha* de carácter más musical que pueden expandirse y abarcar las clases de música; juegos de movimiento que nutren las clases de educación física; juegos de concentración que apoyan la euritmia, y toda una serie de ejercicios con costalitos que ayudan a trabajar las tablas de multiplicar y los números. Al observar las circunstancias actuales, y mirando hacia el futuro, es evidente que el niño necesita más movimientos formativos que en generaciones anteriores, especialmente con la inundación de exposición pasiva a los medios, donde incluso los niños más pequeños utilizan teléfonos inteligentes, iPads y otros dispositivos. Actividades saludables al aire libre ya no están presentes. Incluso andar en bicicleta es extraño para muchos estudiantes.

Los niños disfrutan enormemente con estas actividades. Aportan placer, emoción y vigilia por las mañanas, y hace un cambio de todo el aprendizaje *frontal*. Como advertencia: los juegos de la hora del círculo también deben ser limitados. En clases de música, juegos, educación física y euritmia los ampliarán más durante el resto de la jornada escolar. Debemos recordar que la parte rítmica sintoniza y despierta a los niños, preparándolos para el aprendizaje receptivo. La hora del círculo no es para cansarlos. Además, los ejercicios de movimiento son ejercicios de voluntad, y la voluntad vive en el inconsciente, no en la conciencia despierta, aunque estén ligados al sentido cognitivo de la palabra. El simple hecho de hacer movimientos al azar nos cansa, y por eso es ventajoso conectar los movimientos con los ritmos del habla o el canto, porque así incluimos el sistema rítmico, que nunca se cansa. Basta pensar en el pulso rítmico del corazón y en la respiración constante. Para estos ejercicios de movimiento matutinos queremos que los niños entren en sus cuerpos, llegando hasta los dedos de los pies y saliendo por la punta de los dedos de sus manos. Cuerpos ágiles hacen mentes ágiles.

Para subrayar el énfasis principal de la parte rítmica es armonizar a los alumnos, hacerlos receptivos y preparados para la parte formal y académica de la clase. Algunos maestros han preferido incluir la parte rítmica más tarde, entre la presentación del nuevo material y el trabajo con los cuadernos. A veces también me ha resultado útil enfocar la estructura de la clase principal de diferentes maneras. Sin embargo, lo más importante es que estas actividades se sigan manteniendo frescas, alegres y estimulantes. Es un verdadero placer pasear por cualquier escuela Waldorf a primera hora de la mañana y oír resonar en los pasillos un discurso coral, una canción, instrumentos, palmas y otros sonidos intrigantes. Sin duda, estas alegres emanaciones de los salones son saludables para el cuerpo, el alma y la mente.

25 Michaela Glöckler, Truth, Beauty and Goodness: The Future of Education, healing arts and health care (Hudson, NY: Waldorf Publications, 2019), p. 11
26 Heinz Müller, Healing Forces in the Word and its Rhythms: Report Verses in Rudolf Steiner's Art of Education (Forest Row: Rudolf Steiner Schools Fellowship Publications, 1983), p. 13.
27 Willi Aeppli, The Care and Development of the Human Senses (Forest Row: Steiner Schools Fellowship Publications, 1993).
28 Rudolf Steiner, The Inner Nature of Music and the Experience of Tone , Conferencia II (Spring Valley, NY: Anthroposophic Press, 1983).
29 29 Rudolf Steiner, Speech and Drama (Spring Valley: Anthroposophic Press, 1986), Conferencia 1, 5 de septiembre de 1924, p. 29.
30 Rudolf Steiner, Discusiones con maestros (Londres: Rudolf Steiner Press,1967), p. 53
31 Rudolf Steiner, Speech and Drama (Spring Valley: Anthroposophic Press,1986), septiembre de 1924
32 Rudolf Steiner, Human Values in Education, (Great Barrington: Anthroposophic Press, 2004), Lecure 3, Arnheim, 19 de julio de 1924.
33 Rudolf Steiner, Practical Advice to Teachers , (Great Barrington: Anthroposophic Press, 2000), p. 24.
34 Eric G. Müller, Life Poems for My Students: Birthday and Other Verses (Alkion Press, 2016), p. 87.
35 Rudolf Steiner, The Inner Nature of Music and the Experience of Tone (Anthroposophic Press, 1983), p. 32.
36 Reinhild Brass, „Schöpferisches Musizieren - Musik in der Widarschule", trad. Eric G. Müller, en Erziehen und Heilen durch Musik, (Hrsg.) Gerhard Beilharz (Stuttgart: Verlag Freies Geistesleben, 1989), p.144.
37 Nancy Blanning, „Foreword", en The Mood of the Fifth: A Musical Approach to Early Childhood, ed. Nancy Foster (Spring Valley: WECAN, 2013), p. IX.
38 Torin M. Finser, School as a Journey: The Eight-Year Odyssey of a Waldorf Teacher and his Class, (Anthroposophic Press, 1994), p. 31

Versos de informe

"Entonces acordamos que haremos los informes como los hicimos la última vez el año pasado: Dar una imagen lo más fiel posible. Al final de cada informe, escriba un verso para cada niño que exprese su individualidad del niño, que pueda servir de leitmotiv para el futuro".[39]
~ Rudolf Steiner

EN LA PRIMARIA MENOR, después de la parte rítmica (algunos maestros prefieren que los niños digan los versos de informe después del verso de la mañana), hacía que los niños que correspondieran vinieran a la parte de en frente del salón para decir sus *versos de informe,* también llamados versos de cumpleaños. Rudolf Steiner recomendaba que los maestros escribieran un verso para cada alumno al final de sus respectivos reportes, que sirviera de resumen artístico del trabajo del año. Se sugirió que este verso se recitara una vez a la semana durante el año siguiente. Se ha argumentado que son una pérdida de tiempo, especialmente en salones de clase con muchos alumnos y que los niños pierden el interés y se aburren. De hecho, si los versos no se hacen con el espíritu adecuado, entonces es mejor dejarlos ir, pero eso aplica para todo lo demás que hacemos en clase, incluido el verso de la mañana. Considero que los versos de informe pertenecen a los llamados "fundamentos Waldorf", junto con la euritmia, la clase principal, el dibujo de formas, no dar calificaciones (en la primaria) y el papel del maestro titular. Ahora que los "versos de informe" se cuestionan y son parcialmente descartados, es una buena ocasión para reexaminarlos de nuevo. En lugar de ignorar estas "esencias Waldorf", deberíamos preguntarnos por qué Rudolf Steiner los consideraba pedagógicamente esenciales.

Escribir estos versos a veces me llevó más tiempo que el propio reporte. Era una oportunidad de vivir plenamente en el niño, traerlo ante mi ojo interior y conectar con su ser. A veces me llevaba días elegir el tema apropiado para el alumno. Durante esa tarea creativa a menudo tenía la sensación de que algo inefable e inexplicable entraba en los poemas. No tomaba esta tarea a la ligera, sobre todo teniendo en cuenta que los niños recitarían sus respectivos versos a lo largo del siguiente año una vez a la semana. Cada verso debía contener un elemento universal que trascendiera el tiempo y no perdiera su significado para el niño al cabo de unos meses. Además, debía tener algo que fuera alimento para el alma de todos los alumnos, porque tienen que escuchar cada poema una vez a la semana durante un año. Fortalecen el contacto interior entre los alumnos. Estos versos medicinales tienen un marcado efecto moral homeopático.

Esta tradición se está perdiendo en muchas escuelas Waldorf. En algunos casos, han sido relegados al reino de los "mitos Waldorf" y se han descontinuado. La práctica ha sido tan negligente que muchos maestros ni siquiera han oído hablar de los versos de informe y el importante papel que desempeñaban en las escuelas Waldorf. Aun así, Steiner se empeñó en que se escribieran. En el mejor de los casos, algunos maestros regalan a sus alumnos un verso en su cumpleaños, sin pedir su recitación semanal con el resultado de que el "verso de cumpleaños" se convierte en otro ejemplo de efemérides Waldorf. No basta con dar a los alumnos un verso que sólo escuchen o lean una vez. Los versos tienen que ser recitados una y otra vez para que tengan algún efecto terapéutico o curativo.

Nunca he experimentado los poemas como una pérdida de tiempo, ni nunca me llevaron tanto tiempo, ni siquiera cuando tenía más de veinte alumnos en el grupo de clase. Con alrededor de cinco alumnos al día, únicamente se toman algunos minutos. También se pueden escribir versos muy cortos, que sólo se recitan en unos segundos. El contenido de los versos suele basarse en el plan de estudios del año anterior, lo que aporta también a recordar lo que se ha aprendido en el pasado.

Algunos maestros pueden pensar que no tienen los co-nocimientos poéticos para escribir los versos. A esos maestros Steiner les recomendó que lo volvieran a intentar realmente de nuevo y que eventualmente les saldría de manera correcta. Es cierto que escribirlos consume bastante tiempo, y que es por eso por lo que los maestros suelen elegir versos de otros autores. Eso ya ocurrió cuando Steiner estaba vivo. Hablar y oír durante muchos años una serie de poemas y refranes a lo largo de los años se acumula a un encomiable cuerpo de conocimientos literarios.

Heinz Müller, pionero de la escuela Waldorf de Hamburgo en la época de Steiner, y quien recibió un discurso de instrucción privado de Steiner, escribe sobre los versos de informe en su libro *Healing Forces in the Word and its Rhythms*: "Yo lo organizaba de tal manera que cada niño recitaba su verso el día de la semana en que había nacido, y los niños que fueran en domingo lo decían los lunes por la mañana".[40] Y un poco más adelante, Heinz Müller observa que a menudo había "notables correspondencias kármicas [que] se manifestaban en los grupos de los días de nacimiento de la semana"[41]. Esta es la posible razón por la que estos versos también se llaman versos de cumpleaños. El día del cumpleaños de un alumno, hacía que el resto del salón recitara el verso para el cumpleañero. Me sorprendió lo bien que los demás podían decir el verso de cada alumno, aunque nunca practicábamos el verso al unísono. Así, cada niño conocía los versos de sus compañeros.

En nuestra escuela de Eugene entregábamos los informes el último día de clase. Era un evento ceremonioso. Yo hice un punto de leer los versos a mis alumnos, sin decirles para quién era. Los alumnos, sin embargo, siempre lo sabían, adivinando correctamente casi siempre. Ellos experimentaban los poemas como un regalo, sintiéndose apreciados y apoyados por lo que decían los versos.

Para mí ha sido revelador comprobar cómo estas palabras han ayudado a fortalecer y animar a los alumnos. Comparando, contrastando y recopilando los versos muchos años después, he observado temas recurrentes, lo que demuestra que algunos retos tardan años en superarse, y necesitan ser planteados de formas diferentes. Algunos resultaron proféticos, y en realidad Heinz Müller menciona que Steiner quería que los maestros desarrollaran un sentido parecido al de "verdaderos profetas".

El verso de informe que escribí para un alumno en tercer grado se titulaba "Maestro Constructor". Ahora él es un exitoso arquitecto. Para otra chica a la que le encantaba permanecer en el mundo paradisíaco el mayor tiempo posible le escribí un poema que esperaba aliviara la carga de haber sido "expulsada del Paraíso" en tercer grado. Para ofrecer fuerza y suavizar el doloroso sentimiento de separación entre ella misma y el mundo, escribí

"Levanto mis manos". He aquí un extracto:

> Ahora he despertado de mi sueño,
> y estoy aquí y el mundo está allí.
> Levanto mis manos en el aire,
> lista para el trabajo que se tiene que hacer. [42]

Se volvió más activa en el mundo exterior de lo que jamás podría haber imaginado, perfeccionando sus habilidades y todas las formas de trabajo práctico. Ya en la preparatoria se unió como voluntaria a un equipo de búsqueda y rescate, y más tarde se hizo policía. Después de muchos años compró una granja en Idaho, donde cultiva su propio paraíso terrenal.

Para otro alumno que tenía un exceso de energía y llevaba dentro una rabia no resuelta, escribí versos que tenían que ver con nubes de tormenta, "oscuras y amenazadoras" o relacionado al héroe mítico Hércules, que tenía que aprender a controlar su fuerza. Más tarde, este alumno sufrió un trágico y casi mortal accidente de snowboard que le obligó a disminuir su velocidad, y quien posterior a eso estudió arte y se convirtió en activista social.

Estos son sólo tres ejemplos de muchos, y muchos maestros Waldorf tienen historias similares. Mientras compilaba un libro sobre estos versos de informe me conmovió, una y otra vez, lo importantes que resultaron para el futuro. Steiner quería que estos versos fueran como una estrella guía interior, que abordara algunas necesidades.

En 1924 Rudolf Steiner vuelve a hablar de los versos de informe en su última conferencia sobre educación en Torquay, Inglaterra. La única pequeña diferencia es que esta vez sugiere poner el verso al principio del reporte:

> Y entonces cada año, cada niño recibe en el reporte un lema o verso personal, que puede ser una palabra de orientación para el próximo año. El reporte es así: primero está el nombre del niño y luego el verso, y luego el maestro - sin utilizar letras estereotipadas o números [calificaciones] - se limita a describir cómo es el niño y qué progresos ha realizado en las distintas asignaturas. [...] A los niños siempre les encantan sus reportes, y sus

padres también reciben una imagen verdadera de cómo
es el niño en la escuela. [43]

En el original alemán Steiner se refiere a los "versos" como
Lebenssprüche, que se traduce más correctamente como *versos
vitales o poemas de vida*. Ojalá las escuelas Waldorf retomen o
sigan profundizando y difundiendo este valioso impulso.

39 Rudolf Steiner, *Faculty Meetings with Rudolf Steiner: Volumen 1* (Anthroposophic
    Press, 1998), 5. 26. 1921, p. 252.
40 Heinz Muller, *Healing Forces in the Word and its Rhythms: Report Verses in Rudolf
    Steiner's Art of Education* (Forest Row: Rudolf Steiner Schools Fellowship Publi-
    cations, 1983), p. 13.
41 Ibid.
42 Eric G. Müller, *Life Poems for My Students: Birthday and other Verses* (Alkion
    Press, 2016), p. 39.
43 Rudolf Steiner, *The Kingdom of Childhood* (Anthroposophic Press, 1995), Confer-
    encia 7, p. 123.

Repaso

"Todo depende de lo que pasa al subconsciente de
manera que pueda ser recordado. El subconsciente
pertenece a nuestro ser tanto como el consciente. En
todas estas cuestiones, debemos darnos cuenta de que el
propósito de la educación es apelar tanto a la totalidad
de la persona como a sus diversos miembros".[44]
~ Rudolf Steiner

EL REPASO O RECORDATORIO trae a la conciencia el
trabajo del día anterior y, como tal, se dirige a las fuerzas de
la cabeza, la capacidad de pensar. Aunque se reconoce como
una parte importante de la Clase Principal, puede mejorarse
y profundizarse con una dirección consciente. Hay que tener
cuidado de no poner demasiado énfasis en el mero recuerdo de
la historia o el tema, basado en preguntas y respuestas. No se
trata de un ejercicio intelectual que ponga a prueba la memoria
de los alumnos. Al contrario, queremos que todos participen de
forma viva e imaginativa, no sólo a los que recuerdan detalles sin
mayor esfuerzo. Steiner, aunque no se oponía a la narración de
historias, la consideraba menos importante, ya que "de hecho, no
es tan esencial que los niños retengan una historia en su memoria;
de hecho [...] esto apenas se cuestiona en absoluto [...] porque lo
que se ha olvidado no tiene importancia."[45] (Se refiere a los niños

de primero a cuarto grado). Añade, casi astutamente, que, si se pide a los niños que vuelvan a contar la historia, el maestro debe decir primero algo sobre la historia, "ya sea de forma inteligente o tonta".

El objetivo, más bien, es hacerles revivir la historia de la clase del día anterior, pero con un *brillo añadido* que refuerza la base moral. El repaso tiene distintos componentes y, en función del bloque, del grupo, sus edades y el compromiso de los alumnos, el énfasis puede cambiar.

Lo más importante es que los alumnos hayan tenido la oportunidad de llevarse al sueño el material que se les ha presentado. Para un maestro Waldorf, la noche desempeña un papel importante. Es como tener la masa amasada que se ha preparado cuidadosamente durante la clase principal y dejarla reposar para que esponje durante la noche. En otras palabras, mientras sus cuerpos físico y etérico están descansando y rejuveneciendo, los cuerpos astral y el ego entran en los mundos estrellados de las jerarquías, llevando consigo las experiencias anímicas y los acontecimientos del día. Si la sustancia de las clases se ha presentado artísticamente, desarrollada significativamente e impregnada de espíritu, servirá como sustento para las jerarquías, y éstas, a su vez, pueden reforzar el contenido dentro de los niños, de modo que las experiencias transformadas se impriman más firmemente en sus cuerpos etérico y físico cuando se despierten por la mañana. En consecuencia, han adquirido una comprensión más profunda y personal de lo que han recibido. Con el tiempo estas experiencias "coaguladas" fortalecen las facultades y desarrollan el carácter. Durante este segmento de la clase principal los alumnos recordarán, volverán a ver y revivirán posteriormente los contenidos con nuevas percepciones, habiéndolos hecho propios. El ideal de este recuerdo es incorporar a todo el niño en este proceso de despertar - todos los diversos miembros que componen el ser humano.

Para evitar la regurgitación intelectual, ayuda conectar a los alumnos con algo con lo que puedan identificarse, individualmente y en grupo. Si, por ejemplo, han escuchado la historia de una niña valiente que se adentra sola en un bosque donde vagan animales salvajes, puedes preguntar a la clase si ellos ¿habrían tenido el valor de hacer lo que hizo la niña? En ese momento podrías mirar al niño colérico. O si está repasando un episodio de *Las Aventuras de la Fuerte Vanya* de Ottfried Preussler, podrías preguntarte cómo debió de ser vivir encima del gran horno durante siete años sin hacer nada, sólo esperando ganar fuerza. Esta vez podrías mirar a los flemáticos, que tendrían una buena comprensión de eso. A partir de una pregunta así, otros aspectos de la historia podrían ser recordados más fácilmente, sin tener que hacer necesariamente más preguntas.

Durante el repaso están re-experimentando individualmente el contenido que ahora se ha grabado más firmemente en ellos. Esta mayor conciencia les permite la oportunidad de reflexionar sobre el material de forma más objetiva, formándose sus propios juicios y llegando a sus propias conclusiones. La reconexión del contenido con sus sentimientos dará lugar a una opinión, aunque ésta cambie con el tiempo.

El recordar es algo así como un grupo de amigos que se reúnen y hablan de una experiencia común. Además de revivir los momentos compartidos, solemos añadir lo que ese momento significó para nosotros. Se produce una mejora cualitativa del suceso - una nueva comprensión. Se adquieren perspectivas diferentes, además de reforzar los sentimientos relacionados con el material. La revisión es como una segunda capa de pintura, o - por añadir algo a una imagen anterior - como la masa transformada en pan. Si el repaso va bien, de verdad es como "partir el pan".

Sin embargo, también existe el peligro de dejar que el repaso sea durante demasiado tiempo y que se convierta en un mero intercambio de anécdotas, que sólo se relacionan vagamente con el material de la clase, donde una cosa lleva a la otra al azar, y que termina solamente tomando tiempo de la clase. El repaso, como cualquier otra cosa, debe estar bien guiado, y hay que tener cuidado de que el valioso tiempo no sea usurpado por unos pocos estudiantes que cuentan sus historias con entusiasmo, mientras que otros se sienten cada vez más inquietos, con sueño o aburridos, lo que estropea el ambiente y hace perder el tiempo. Por otra parte, a veces se omite por completo el repaso, no se re-laciona con el día anterior, o sólo se aborda de pasada. En ambos casos se pierden oportunidades importantes. Durante el repaso, los alumnos más callados e introvertidos no se deben pasar por alto, lo que ocurre con facilidad. Más a menudo de lo que uno piensa, están pasando muchas cosas en su interior, y es útil, tanto para ellos como para la clase, que esos alumnos reticentes compartan algunos de sus pensamientos, que a menudo producen resultados sorprendentes, estimulan la conversación. Esto lo veo sobre todo en la preparatoria. A menudo, realmente quieren hacerlo, pero son demasiado tímidos o reservados. Es entonces cuando uno puede decir: "Veo que tienes una buena idea. Oigámosla". A otros les preocupa decir algo que pueda interpretarse como estúpido. En ninguna situación hay que poner a nadie en el centro de atención con esa presión, se trata únicamente de ayudarlos a expresarse.

En un plano puramente práctico, se pueden añadir otros aspectos de la clase del día anterior para completar la imagen. Es un hecho que uno olvida con frecuencia detalles relevantes e importantes, y el repaso nos da una segunda oportunidad para incorporar información esencial. Esto también añadirá inevitablemente tiempo al repaso, pero es un aspecto en el que me he permitido ser flexible, aunque no debe sustituir al nuevo material.

El repaso ofrece un momento para recapitular y resumir la esencia de la clase de forma lógica, especialmente al final de una sección, como pasar de la acústica a la óptica en un bloque de física, donde también se pueden leer las observaciones y conclusiones de los últimos días, ya sea juntos desde el pizarrón, o bien escuchando a los alumnos leer de los borradores de sus observaciones (o ensayos).

Las preguntas clave que me gusta hacer a los alumnos al final de la presentación del día anterior también pueden servir de estímulo para la revisión. A veces los animo a hablar con sus padres sobre un tema determinado. Por ejemplo, cuando cubrimos los Viajes del Descubrimiento en 7º grado, puede instarles a que pregunten a sus padres si alguna vez han ido de aventura o en un viaje de exploración para descubrir algo nuevo y diferente. Incluir a los padres en la educación del niño, es algo que Steiner con entusiasmo motivaba a hacer: "Hay que decirles a los niños cosas que querrán contar a sus padres en la próxima comida. Y si consigues interesarles [...], habrás conseguido el premio". [46] Es una forma de tarea para casa.

Un objetivo central del repaso es ordenar los puntos relevantes de forma convincente. En los primeros grados, puede que sólo sea a través de la palabra hablada, pero más adelante, y sobre todo en preparatoria, pongo las viñetas esenciales en el pizarrón. Esto es importante, porque durante la presentación del día anterior, sobre todo si se desarrolló de forma artística y orgánica, inevitablemente habrá habido muchas tangentes, que no necesariamente tienen que anotarse en el cuaderno de la clase principal. El repaso permite destilar la información y comprimirla en unos pocos puntos concisos, que pueden servir de estructura para sus ensayos individuales. Aporta orden y claridad a lo expuesto el día anterior y, a menudo, suscita nuevas preguntas a medida que se entiende y digiere el material.

Durante el repaso se les puede hacer ver diferencias cualitativas dentro del material, como la de conciencia entre la Edad Media y el Renacimiento. Me he dado cuenta de que la calidad de los ensayos es muy superior si los alumnos las escriben *después* del repaso. Después de haber discutido el material, de haberlo resumido y de ordenarlo de forma convincente, pueden llegar a un juicio personal más sólido y, en consecuencia, la redacción es más fluida y clara. En ocasiones, cuando han tenido que escribir un ensayo el mismo día de la presentación, debido a circunstancias diversas, los resultados suelen ser de mucho más bajo calibre. Esto ocurre sin duda en las clases de preparatoria, donde hay que cubrir una gran cantidad de material. Uno paga el precio si te precipitas. Ellos necesitan la noche, el tiempo para la reflexión, y las animadas discusiones para que el material se solidifique. Su pensamiento se habrá agudizado, habrán tenido un sentimiento de fuerte conexión con los contenidos, y les habrá motivado su voluntad de plasmar sus pensamientos sobre el papel con mayor confianza. En resumen: el repaso puede verse como un proceso de armonización.

Ahora, tras haber repasado la clase del día anterior, están preparados para enfrentarse al nuevo material que se pudo haber mencionado el día anterior para abrirles el apetito y llenarles anticipación a lo que está por venir.

La revisión o repaso puede incluir debates fructíferos, pero, como ya se ha dicho, también se puede introducir el repaso leyendo del pizarrón o de sus cuadernos de clase principal, lo cual también puede servir para resaltar algunas destrezas lingüísticas, señalando palabras interesantes, deletreos, o hacer que los alumnos noten algún punto gramatical, como el uso de la activa y la pasiva en 6º grado, los tiempos verbales en 5º grado o las partes de la oración en 3º y 4º grado. Para los primeros grados, la lectura al unísono del pizarrón une a la clase. También da la oportunidad de ver la fluidez con la que cada alumno lee. A partir de ahí es sólo un pequeño paso combinarlo con el material de la historia correspondiente, como la mitología nórdica, donde los alumnos elijen los adjetivos adecuados para describir a los distintos dioses nórdicos, o los verbos más adecuados. En este sentido, el repaso también tiene un componente de *habilidades* vitales. Pero en este caso, sirve de trampolín para el nuevo material. Sin embargo, no es una clase de habilidades, igual que la parte rítmica no es una clase de música o de juegos. Sin embargo, *establece* las destrezas, lo que también significa que se ponen en práctica estas habilidades y destrezas. Además, ilustra cómo la clase principal contiene aspectos de todo el día.

Los maestros tienen enfoques diferentes, y es impresionante ser testigo de sus incontables innovaciones. Recientemente, una joven profesora, al empezar su repaso, pidió a los alumnos que cerraran los ojos y visualizaran el animal que habían estudiado el día anterior - *sin* nombrarlo en voz alta. A continuación, pidió a los alumnos que imaginaran lo que estaba haciendo el animal, que imaginaran el entorno, la temperatura, cómo se sentía, los sonidos. Todo el tiempo los animaba a imaginar la escena con la ayuda de tantos sentidos como fuera posible. Los alumnos que estaban en medio del bloque Humano y Animal se sumergieron de lleno en esta "meditación", entrando a un recuerdo imaginativo y sensorial de lo que habían oído el día anterior. Después de dejarlos sumergirse en sus propias imágenes, les pidió que pensaran en palabras que pudieran describir la escena. Luego invitó a los alumnos a que se acercaran al pizarrón y escribieran las palabras o frases, de manera silenciosa. De vuelta a sus asientos, toda la clase leyó las diferentes palabras en voz alta. El resultado común fue una imagen rica y estimulante del majestuoso león en la sabana africana. Continuaron con un nutrido y animado debate en el que los alumnos añadieron más puntos, motivados por lo que habían experimentado interiormente a través de sus recuerdos y lo que sus compañeros de clase compartieron. Me alegró especialmente que señalaran la importancia del entorno natural para la vida y el bienestar del león. Algunos maestros también piden a los alumnos que intenten volver a contar las partes principales de la presentación, pero al revés. Este reto tiene un efecto despertador y los alumnos pueden ponerse muy quisquillosos en cuanto a cuáles acontecimientos o qué escenas son cruciales para la trayectoria de la historia. Para algunos el más mínimo detalle puede ser clave, y defenderán y justificarán sus razones con vehemencia. Otro método eficaz es preguntarles por los personajes implicados, con quién se relacionan más, quién desempeña el papel más importante o por qué se incluyó a un personaje secundario. Seguro se obtendrán respuestas inesperadas y enriquecerá la conversación.

O si se quiere hacer que se centren en determinados temas, eso significará que el maestro dirigirá la atención hacia el tema más importante para que lo asimilen y digieran, como los puntos de inflexión en una historia o en la biografía de una persona (en los grados superiores). También se les puede pedir que imaginen lo que podría haber pasado si esa experiencia, encuentro o enfrentamiento *no* se hubiera producido.

En los cursos inferiores, a veces hacía que los alumnos actuaran partes de la historia. Las fábulas de 2º grado se prestan especialmente a ello. En los grados intermedios el repaso también puede adoptar la forma de una representación, y en la preparatoria, los debates son especialmente estimulantes. Si dos personajes de una narración tienen opiniones diferentes, se podría presentar una conversación entre dos alumnos en la que muestren los respectivos puntos de vista, como un patricio hablando con un plebeyo en la antigua Roma o una discusión entre un águila y un búfalo sobre sus estilos de vida o un debate en sexto grado sobre si Julio César era un tirano o un héroe. Este tipo de debate puede ir más allá de los límites generales de un repaso, pero sin duda galvaniza sus pensamientos sobre el tema después de conocer las innovaciones de Julio César, los cambios en el Imperio Romano y en la civilización como tal.

Si el contenido del tema lo permite, se pueden incluir objetos o cosas que se relacionen con ese material, como una balanza y una pluma después de contar la historia egipcia del juicio después de la muerte. Durante el bloque de Tragedia y Comedia, en 9º grado, a veces llevaba un trozo de mármol que había recogido de uno de los asientos reales del anfiteatro antiguo original al pie de la acrópolis, justo debajo del Partenón de Atenas (en mi torpe juventud, antes de darme cuenta de que no era lo correcto). Luego les pido que imaginen lo que ese antiguo trozo de mármol pudo haber experimentado, a quién podría haber visto y oído, y lo que habría aprendido. Sólo se los enseño después de haber presentado los orígenes del teatro griego y el desarrollo del anfiteatro. A menudo ha dado lugar a interesantes discusiones y debates.

Para los grados intermedios, también se puede dividir la clase en dos equipos y hacer una prueba de repaso en forma de concurso de preguntas y respuestas a manera de juego de riesgo, que pone a prueba su memoria en un entorno seguro. A menudo lo hacía al final de un bloque de la clase principal en lugar de un "examen" formal. Tener el control de las preguntas, podía asegurarme de que a los alumnos se les hicieran preguntas de acuerdo con sus capacidades. Y nuevamente, no quería poner a nadie en evidencia bajo presión. Los grupos, también en preparatoria, siempre disfrutan de estos concursos. Las preguntas que se pueden responder con "verdadero" o "falso" son otra variante del concurso de juegos, o se puede hacer que los alumnos vengan con las preguntas ellos mismos, lo que presupone que conocen las respuestas. En este caso, deben escribirlas primero.

Durante el repaso se intenta estimular a los alumnos de diversas maneras, ayudándoles a despertar la cabeza. Lo que han *agarrado* con las manos (físicamente) y a través de sus sentimientos (corazón), ahora pueden *agarrarlo* con el pensamiento. Las posibilidades son infinitas y los repasos pueden necesitar tanta preparación como el nuevo contenido de la clase como tal, aunque hay que tener cuidado de que no reste demasiado tiempo y energía al nuevo material.

44 Rudolf Steiner, *Modern Art of Education* (Anthroposophic Press, 2004), 14 de agosto de 1923, p. 150.
45 Rudolf Steiner, *The Kingdom of Childhood* (Anthroposophic Pres, 1995) Conferencia 4, p. 64.
46   Rudolf Steiner, *Practical Advice to Teachers* (Anthroposophie Press, 2000), p. 126.

Nuevo material

"Sólo podemos ser buenos maestros cuando tenemos
un vivo interés por todo lo que ocurre en el mundo. A
través de ese interés por el mundo debemos obtener el
entusiasmo que necesitamos para la escuela y para nuestras tareas."[47] ~ Rudolf Steiner

DE TODAS MIS OBSERVACIONES de las Clases Principales
en los últimos treinta años esta sección es la que más me
preocupa. El peligro es que las presentaciones del nuevo material
en la primaria sean demasiado breves, poco preparadas, poco
desarrolladas, o simplemente se una con el repaso. El otro
extremo es que se conviertan en una mega clase o en una larga
historia, al final de la cual los alumnos están agotados, pálidos
o enfermizamente abrumados. Pero lo peor de todo es cuando
— como he visto en demasiados casos — *no* sucede en absoluto,
la clase pasa directamente del repaso al trabajo en el cuaderno.
El tiempo dedicado al material nuevo es de alrededor de veinte
minutos en los grados inferiores, y aproximadamente de 35 a 40
minutos en los grados intermedios. En preparatoria es mucho
más largo, aunque a menudo adopta formas diferentes (véase
"clase principal en preparatoria").

Esto es más desconcertante aún, ya que el nuevo contenido
está destinado a ser el *corazón* de la clase principal, la *razón de*

ser. Es lo que más esperan los estudiantes, pero lo que reciben a menudo no es lo suficientemente sustancial. Es una de las razones por las que a veces perdemos alumnos en cuarto o quinto grado. No ofrecer material nuevo es como prescindir de la comida principal y arreglárselas con un tentempié a lo largo del día. Y como todas las cenas, necesita una planificación cuidadosa. La parte rítmica y el repaso son peldaños que conducen a esta sección. Preparan el estado de ánimo adecuado, ayudando a sus almas y mentes a estar receptivas, para que puedan absorber lo que se les presenta. El nuevo material constituye su nutrición principal académica y anímica del día, lleno de profundo contenido. Se coloca en la hora de la mañana porque las mentes son más receptivas a esa hora. Aún no se han cansado. Recordemos que el resto del día está dedicado a las clases de habilidades, las artes y el movimiento. Aunque la Clase Principal incluye las *Manos y el Corazón*, es la cabeza lo que más se enfatiza, aunque siempre de forma artística y nunca de manera seca y puramente intelectual. Es comprensible que no siempre se pueda impartir una clase óptima, pero al menos debería ser lo ideal. Por supuesto, hay cosas que interrumpen el ritmo normal de la Clase Principal, como una asamblea, una salida de campo, o un proyecto especial como trabajar en una obra de teatro, pero esas son las excepciones. Una razón para no presentar nuevo material cada día se debe a las ideas erróneas sobre el ritmo de tres días. Ese ritmo es consecutivo, lo que no significa que sólo se presente material nuevo cada segundo o tercer día (véase "Ritmo de tres días").

A menudo, cuando los alumnos dicen que no se sienten académicamente retados, lo que quieren decir es que la clase carecía de contenido, de sustancia genuina que les atraiga y les encuentre en su más profundo interior, saciando su sed de conocimiento, su hambre de conocer los secretos de la vida, manteniendo a flote su imaginación moral. Y como la pedagogía Waldorf es una educación apropiada para cada edad, diferenciamos, elegimos y preparamos nuestras asignaturas en consecuencia. Los maestros Waldorf no son meros instructores. Se esfuerzan por ser pedagogos conscientes, teniendo siempre en mente perspectivas más amplias. ¿Qué necesitan los niños a determinada edad, y cómo apoya eso el plan de estudios? ¿Tengo una visión general de cómo un evento histórico especifico encaja en el desarrollo de la conciencia humana? ¿Hasta qué punto tengo en cuenta las señas de identidad de la pedagogía Waldorf en cada clase, como por ejemplo ir del todo a las partes; relacionar el material con el ser humano, ya sea geografía, historia, química o matemáticas; o las ramificaciones de la enseñanza apropiada para la edad? En 8vo grado, por ejemplo, estudiamos las revoluciones, porque es paralelo a la fase revolucionaria de sus vidas, cuando sutil o abiertamente se rebelan contra sus maestros, padres y la autoridad como tal. Lo tenemos en cuenta, les mostramos las consecuencias de estas revoluciones, lo que se ha conseguido, lo que se ha sacrificado, destruido y reconstruido. Esta sección determinante de la Clase Principal necesita un cuidado especial. Requiere de una protección firme y deliberada, de forma similar a como el corazón está protegido por la caja torácica. Todo el sistema circulatorio del cuerpo lleva y trae la sangre del y al corazón. Lo mismo ocurre con este enclave educativo. De un modo u otro todo el día - incluyendo el juego, las tareas y las actividades extraescolares - fluye a través de esta presentación centrada. Esta sección puede compararse a una cabeza de lechuga, donde el corazón está en la cabeza.

La forma de presentarla variará en función del tema. En general, sin embargo, es un momento en el que los alumnos tienen la maravillosa oportunidad de sumergirse en las presentaciones, en las que no se espera nada de ellos, excepto su atención absorta, que es una forma de trabajo. Pero el maestro debe ganarse esa atención. No podemos esperar que los alumnos se sienten en silencio y escuchen si el contenido es demasiado intelectual, aburrido o superficial. La clase ideal es un proceso artístico, como una composición musical, que consta de exposición, desarrollo y recapitulación, con cada una de las secciones dividida y a su vez subdividida. Puede empezar con un allegro, luego ralentizar lento, seguido de un movimiento *appassionato*, contrastado con un tempo andante. Si se comienza a notar que la clase empieza a desconcentrarse, se puede cambiar el ritmo a una marcha despierta, o si se están agitando demasiado, se puede equilibrar con un minué melódico. Les hace entrar en el material y salir de sí mismos. Se abordan las fuerzas de simpatía. Es casi como si se *"durmieran"* dentro de uno mismo. En la coda se vuelven a traer de regreso de la esfera atemporal al momento presente. Parte del viaje de vuelta consiste en permitir preguntas o tiempo para debatir. Esto no significa que no haya espacio para preguntas o debates durante la presentación, si surgen de forma orgánica. Al contrario, se convierte en parte de la composición, del flujo musical de la clase. Sus sentimientos se han agitado y llenado, lo que se filtra hacia abajo, activando *su voluntad* de *hacer* algo, lo que conduce a la siguiente sección de la clase principal: el trabajo en el cuaderno.

Los alumnos deben hacerse una idea de lo importante que es la clase para ti - existencialmente. Les estás aportando "conocimiento de la Tierra" para que tengan las habilidades y comprensión para desenvolverse en el mundo, pero siempre dentro de las grandes leyes universales - como el intervalo del corazón de la tercera que es abrazado por el primo y la quinta, que nos da la tríada - la base de gran parte de nuestra música occidental. Los preparamos para la tarea que tienen por delante de una manera centrada en el ser humano, enseñándoles capacidades, desarrollando habilidades y facultades. Todo lo que se presenta se realza y es más eficaz si está impregnado de amor, porque entonces trabajarán para ti y apreciarán cada clase, sea cual sea el tema. Aunque no les "guste" la gramática, seguirán haciéndolo, porque entienden su importancia y ven tu entusiasmo por la constitucionalidad en la estructura de la lengua. Y si uno "lee" a los alumnos con atención, entonces uno probará diferentes formas de explicar y enseñar el material, para que al menos tengan una relación afectuosa con el tema.

Un sucinto adelanto de la clase del día siguiente vale oro, aunque es fácil olvidarlo o prescindir de él. Sólo lleva uno o dos minutos, pero despierta su curiosidad y aumenta sus expectativas. Pero sé fiel a lo que prometes. Darle seguimiento es esencial. Si no se cumplen las promesas, se crea resentimiento y disminuye la autoridad del maestro titular; y los alumnos de preparatoria perderán el respeto por el maestro de la Clase Principal. Este adelanto puede ser breve y conciso en forma de unas pocas preguntas puntuales, o una declaración como, "Hoy hemos cubierto la vida de Miguel Ángel y nos ha impresionado con la pintura de la Capilla Sixtina y las magníficas esculturas como el "David" y la "Piedad." Mañana veremos a un artista que contrasta con este maestro. Quien también es uno de los más grandes artistas del Renacimiento, pero algunos afirman que su mayor contribución al mundo no fue a través de sus obras maestras sino algo muy diferente". Una declaración como esa aumentará su expectación. O: "Hoy cubrimos granito, y mañana examinaremos una roca versátil que se ha utilizado en la construcción de pirámides y muchas otras construcciones, y debe su existencia al mundo animal, igual que el carbón surgió del mundo vegetal". O aún más sencillo: "Mañana veremos la extraordinaria vida de Alejandro Magno". Se quedan con la promesa de algo nuevo al día siguiente. Pero, mientras tanto, pueden "olvidar" el contenido de la clase hasta la Clase Principal del día siguiente, en la que se se recordará de nuevo.

---

47 Rudolf Steiner, *The Foundations of Human Experience* (Anthroposophic Press, 1996) p. 31

Trabajo en el cuaderno

"No exijas nada a los niños, exígete a ti mismo y verás si los niños te acompañan" [48] ~ Willi Müller

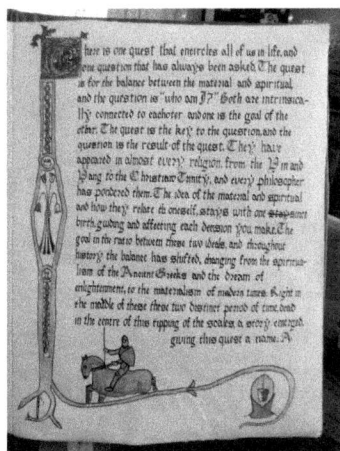

DESPUÉS DE LA PRESENTACIÓN EN PROFUNDIDAD del nuevo material, los niños de la primaria querrán ponerse a trabajar. Han escuchado en grupo, se han inspirado en las palabras imaginativas y reflexivas de su maestro titular, y ahora están preparados para el trabajo individual. Animados por el ambiente que se ha creado, están dispuestos a digerir mejor el contenido, plasmándolo en sus cuadernos de la Clase Principal. Algunos maestros dan primero a los niños un breve descanso para ir al baño y estirarse.

Pero ¿qué es realmente el Cuaderno de la Clase Principal? En pocas palabras - sustituye al libro de texto. En lugar de recibir libros u hojas de trabajo sobre matemáticas, geografía, historia, etc., los alumnos crean sus propios cuadernos, basándose en las presentaciones del maestro. En una reunión de maestros del 5 de mayo de 1923, Steiner dice: "Recuerdo felizmente como, cuando estaba en la escuela, no teníamos libros de geometría. [...] Un cuaderno escrito por uno mismo te da la razón de saber lo que hay en él."[49] Steiner continúa describiendo cómo su maestro de geometría le dictaba de forma resumida, la esencia de lo que tenían que saber. Es uno de los muchos lugares en los que Steiner critica el uso de libros de texto. Por ejemplo, con respecto a la botánica y la zoología:

> Lo primero que hay que hacer es prescindir de todos los libros de texto. Porque los libros de texto, tal como están en la actualidad no contienen nada sobre los reinos vegetal y animal que podamos utilizar en la enseñanza. Son buenos para instruir a los adultos sobre plantas y animales, pero arruinarán la individualidad del niño si se utilizan en la escuela.[50]

En cuanto a física:

> Para los fenómenos físicos también es igual de importante partir de la vida misma. No debe comenzar la enseñanza de la física tal como se expone en los libros de texto de hoy en día sino, por ejemplo, encendiendo un cerillo y dejar que los niños observen cómo empieza a quemarse.[51]

Y en cuanto a la ciencia como tal:

> Es mi ferviente deseo y mi deber como líder de la Escuela Waldorf eliminar de los salones, siempre que sea posible, todo lo que sea de naturaleza científica que sea fijo, incluidos los libros de texto escritos de forma rígidamente científica.[52]

Hay muchos otros lugares en los que advierte contra el uso de libros de texto. En la práctica, esto significa que el maestro tiene que estudiar el tema en cuestión desde muchos puntos de vista, utilizando una variedad de libros para obtener la imagen ideal para los niños. Muchos libros de texto abordan el tema de un solo lado (basta con ver cómo se ha retratado tradicionalmente a los Americano Nativos) y le corresponde al maestro estudiar muchas fuentes con el fin de llegar a un resumen amplio, pero sucinto y equilibrado. Es por eso por lo que se suele decir, medio en broma, que los maestros Waldorf hacen todo el trabajo para los alumnos, mientras que los alumnos en escuela pública hacen todo el trabajo para los maestros. Al crear los cuadernos de la Clase Principal, los niños aprenden a producir un trabajo bonito. Se hace hincapié en la caligrafía, el espaciado, los márgenes, los diagramas, los dibujos y la letra de molde y escritura cursiva. Según el grado y la materia, los borradores se escriben en cuadernos de trabajo antes de ser corregidos y pasados a limpio en su forma final. Se trata de un proceso, que incluye la capacidad de procesar las clases de los maestros, comprender el contenido y encontrar las propias palabras para plasmarlas en papel. El cuaderno de la Clase Principal es un registro de lo que se presentó durante la Clase Principal. Cada libro es único para el alumno, y los niños se enorgullecen de su trabajo, que muchos de ellos guardan y atesoran durante el resto de su vida. Los cuadernos de la Clase Principal representan la biografía de la escolarización propia y ofrecen una imagen general del desarrollo.

Hay que prestar mucha atención a los diferentes aspectos de esta sección más dominada por la *voluntad* de la Clase Principal. Durante la transición se reparten los cuadernos, de acuerdo con la tradición y las costumbres del maestro titular del grupo. Las crayolas, bolígrafos y papeles se sacan de adentro de la mesa de cada uno. Se produce un cierto ajetreo, que les permite pasar por un puente para llegar al trabajo en el cuaderno de manera concentrada. Yo siempre permitía un poco de charla durante esta transición. Es una forma de relajación y exhalación antes de ponerse a trabajar. A veces, en función de las necesidades, incluso les hacía que cantaran una canción, saltaran o hicieran otros ejercicios de movimiento. Como ya he mencionado, es un momento en el que pueden ir al baño si es necesario, en lugar de ir a la mitad de cuando se deberían estar escuchando o trabajando. Éstas son las pequeñas reglas de clase que se pueden establecer desde el primer grado en adelante, siempre asegurándose de irlas modificando en función de la edad de los alumnos y sus necesidades evolutivas (Véase "Respirar").

En función de la clase, edades del grupo o el grado, los alumnos se tranquilizarán para hacer un dibujo, copiar del pizarrón, escribir por su propia cuenta, seguir un dictado o, realizar algunos problemas en el caso de un bloque de aritmética o geometría. Dependiendo de la asignatura, el trabajo se anotará directamente en el cuaderno de la clase principal o en un cuaderno de prácticas. Después de que los libros, bolígrafos, papeles, crayolas o lápices de colores ya se han sacado y puesto a trabajar, se puede experimentar un ambiente casi sagrado que se cierne sobre el grupo. En muchos casos, sobre todo si la presentación les ha llenado de satisfacción, la sensación de bienestar es casi palpable. Los niños trabajan ahora en sus cuadernos con esfuerzo y cuidado, según sus propias capacidades individuales.

Como maestro titular de grupo, me propuse trabajar siempre en algo directamente relacionado con el trabajo de clase con ellos, ya fuera un dibujo, escribir un texto en el pizarrón o hacer un dictado. Nunca quería que me vieran ocioso. En un nivel subconsciente, los alumnos no quieren ver a su maestro inactivo. Lo perciben inmediatamente. En una ocasión me senté en mi escritorio para preparar algo para otra clase, e inmediatamente una de las chicas preguntó: "¿Qué está haciendo, Sr. Müller?" como si supiera que no tenía nada que ver con ellos o con la clase principal en ese momento. En otra ocasión simplemente me senté y me puse a ver al grupo. Al cabo de un minuto otra alumna dijo provocativamente: "¿Sin trabajar Sr. Müller?". Tuve que sonreír y le respondí: "Es que disfruto de verlos trabajar con tanta diligencia", lo que pareció apaciguarla, pero accedí y momentos después me levanté e hice mi ronda para ayudar a los alumnos. Somos el ejemplo a seguir – siempre y en todos los sentidos. O, como famosamente dijo Albert Schweizer: "El ejemplo no es lo principal para influir sobre los demás, sino lo único."

Los maestros Waldorf se esfuerzan continuamente para que los niños conecten lo más profundamente posible con las respectivas asignaturas. La presentación inicial, por muy animada que sea, todavía se transmite a través pensamientos, aunque la forma de hablar y el enfoque pictórico harán mucho por la vida de los sentimientos. Sin embargo, para que la clase tome realmente al niño y lo sostenga antes de que se produzca un verdadero *sentimiento* por el material, necesita algo más que el contenido del pensamiento. Se basa en todo lo que precede y sigue al nuevo material.

Hay que subrayar que la poesía recitada por la mañana está relacionada con el nuevo contenido de la Clase Principal y que también entra en la calidad del trabajo del cuaderno. Todas las diferentes partes de la Clase Principal se funden y fructifican entre sí. La profundización final, la comprensión y la encarnación del contenido tiene lugar cuando los pensamientos y sentimientos son traídos a la palabra escrita, los dibujos y las ilustraciones.

Por ejemplo, si la presentación de la mañana tratara de los Viajes del Descubrimiento, podrían sentarse a dibujar una carabela portuguesa o un barco con aparejo completo, sabiendo que escribirán sobre el contenido al día siguiente, después del repaso, y en su forma final en limpio el tercer día (según el ritmo que se lleve). Así, el pensamiento, el sentimiento y la voluntad se unen, contribuyendo cada uno a la experiencia corporal completa, garantizando que todo el niño esté implicado. Si los niños han sido totalmente comprometidos, querrán, por sí mismos, hacer un trabajo óptimo, poniendo mucho cuidado en que los dibujos sean lo más bellos y exactos posible.

Un alumno que puede recordar cada detalle de una clase de historia o geografía y que comprende fácilmente fórmulas y teorías, puede precipitarse en sus dibujos o no ser capaz de ejecutar un dibujo con exactitud. En tales casos es favorable que el maestro guíe atentamente al niño a través de los dibujos. El cuaderno de la Clase Principal, como ya se ha dicho, ocupa el lugar de los libros de texto y, por tanto, debe ser lo más bello posible, dependiendo de los talentos, capacidades y habilidades de los alumnos. Es bueno desarrollar un sano orgullo y reverencia por el trabajo en los cuadernos. Pero necesita una guía vigilante y cariñosa. Los alumnos pueden frustrarse fácilmente, y el trabajo descuidado no debe convertirse en un hábito.

Lo mismo vale para el trabajo escrito que para los dibujos. En los grados inferiores, el texto lo redacta sobre todo el maestro, asegurándose siempre de que tenga sentido y sea lo más sucinto posible, exponiendo lo esencial de forma condensada con una base moral que incluya una visión mucho más grande, es decir, en el contexto del desarrollo humano a lo largo de la conexión con el mundo en general, y en el marco de la bondad, la belleza y la verdad. Se les acostumbra a una cierta calidad, un estándar que, en sus propios escritos, intentarán emular, igualar y, posiblemente, superar, como suele ocurrir durante la preparatoria. Poco a poco, los alumnos son guiados y conducidos a escribir sus propios ensayos. Sin embargo, nunca debe olvidarse que el objetivo principal del cuaderno de la Clase Principal es que sustituya al libro de texto. Por lo tanto, el cuaderno de la Clase Principal debe contener información pertinente y perspicaz - algo a lo que puedan consultar en años posteriores.

Si un niño tiene grandes dificultades para escribir sus propias redacciones, como suele ser el caso, esto no debe dar lugar a que tenga un cuaderno de Clase Principal que contenga muy poco del material ya cubierto. Desgraciadamente, eso es lo que ocurre en algunos casos. Por eso es prudente trabajar de varias maneras. Hacer dictados garantiza que el contenido que uno, como maestro provee, tenga la profundidad y la información esencial. Pone a prueba su propia capacidad de escuchar, seguir y deletrear. Incluso en preparatoria a veces hago dictados. Durante una reunión de maestros en 1923, Steiner recomendó esta práctica.[53] Es sorprendente y nos abre los ojos muchas veces al ver que alumnos mayores aún tienen dificultades para seguir el ritmo o para deletrear.

En los grados inferiores, cuando practiqué por primera vez la redacción de ensayos individuales con los alumnos, no era seguro que los ensayos llegarían a sus cuadernos de Clase Principal. Había que cumplir ciertos criterios: información esencial, redacción convincente y comprensión del contexto. Una vez completados y corregidos, a los alumnos se les daba el visto bueno para que copiaran su trabajo en el cuaderno de Clase Principal, o tenían que escribir mi versión o la versión de otro alumno. A veces les permitía introducir las mejores partes de su propio ensayo.

Generalmente está mal visto copiar algo del pizarrón a partir de quinto o sexto grado, pero yo no estoy de acuerdo. Hay mucho que los alumnos pueden aprender copiando: uso de párrafos, enunciado de la tesis, ortografía, sintaxis, significado. Copiar, si se hace con intenciones específicas en mente, ofrece oportunidades para desarrollar buenos hábitos de escritura. Se puede concientizar a los alumnos copiando de forma muy sencilla, por ejemplo, *corrigiendo* lo que han copiado o la corrección del trabajo de otro. También se les puede pedir que se centren solamente en una habilidad específica, como copiar algo del pizarrón y pedirles que añadan sus propios adjetivos a todos los sustantivos (o a los sustantivos especificados), o que sustituyan sustantivos o frases por un pronombre. Hay muchas otras formas de trabajar creativamente copiando, por ejemplo, haciendo que cambien el tiempo verbal del presente al pasado. También podría incluir el trabajo con párrafos, la puntuación y la ortografía. El objetivo es desarrollar sus habilidades de escritura para que puedan escribir de forma independiente, concentrándose sólo en una o dos habilidades a la vez.[54] Como en todo, hay que encontrar el equilibrio adecuado y trabajar con las capacidades individuales del grupo. Hay que desarrollar un sentido de estética, que incluye un equilibrio entre forma y contenido.

Dicho esto, se puede conseguir que los niños escriban de forma creativa y de forma independiente desde el primer grado. Se necesita una dirección consciente, pero se puede aprender mucho de los alumnos, ya que captan el mundo que les rodea de forma sorprendente y sin filtros. Hace poco, mientras observaba un grupo de cuarto grado durante el bloque de humanos y animales, el maestro pidió a los alumnos que describieran las distintas partes del cuerpo. Una niña describió la cabeza como *"una caja fuerte que protege lo que hay dentro."* El concepto de la cabeza como caja fuerte era único, verdadero y poético. Una vez que están listos para poner manos a la obra, hay que esperar a que todos se encuentren sentados para darles instrucciones claras. Este es el momento para las instrucciones. Quieren hacer un buen trabajo, por lo que mucho depende de la claridad del maestro. No se les debe pedir que hagan algo que este fuera de sus límites, ya que podría hacerles sentir que están fracasando. Sin embargo, hay que retarles y animarlos a que se superen a ellos mismos. Como regla general, siempre me dejo guiar por los estudiantes más capaces, mientras que ofrezco todo el apoyo posible a los estudiantes que tienen dificultades con la carga de trabajo, ofreciéndoles tareas modificadas.

Como maestros, todos tenemos nuestras manías - cosas que nos parecen importantes. Para mí, eran los títulos. Quería que respetaran los títulos. Los títulos son fundamentales porque le dicen al lector de qué trata el texto, es como una forma de tesis. Por eso, para subrayar su importancia quería que estuvieran escritos de forma artística. Casi a diario me oían decir: "Grandes, audaces y hermosos", cuando me refería a los títulos. Y siempre me esforzaba por escribir en negrita, añadiendo algo artístico para resaltar el título.

En los bloques de preparatoria, la mayor parte del trabajo en el cuaderno se hace fuera de la Clase Principal, ya sea en una "sala de estudio" o en casa. Dependiendo de la materia y del tiempo disponible, el maestro puede permitir que se trabaje en el cuaderno, si se hace un uso eficiente del tiempo. Poner esfuerzo en embellecer los cuadernos de la Clase Principal de preparatoria a través de dibujos e ilustraciones ha sido criticado tanto por los maestros como por algunos padres. Se argumenta que es mucho tiempo el que se "desperdicia" en hacerlos "bonitos", y que el énfasis debería ponerse sólo en los ensayos. Incluso se ha argumentado que los estudiantes que podrían querer ir a una preparatoria Waldorf se desaniman porque los libros son "demasiado bonitos" y nunca serían capaces de producir un trabajo de tan alta calidad. Lo que se deja de lado en estos argumentos es que estamos tratando de educar a la persona en su totalidad y que se trata de que tengan una conexión con el material de diversas maneras, lo que también incluye la escritura creativa (tanto en prosa como en poesía), la escultura, las dramatizaciones y, por supuesto, los dibujos, ilustraciones y pintura. Y en preparatoria también les dejamos que elijan cómo quieren crear su cuaderno de la Clase Principal. Un alumno de décimo grado, para el cuaderno de Clase Principal de la Odisea creó un pergamino en el que escribió el contenido tanto en escritura griega, usando letras griegas, como en inglés, todo con una hermosa caligrafía. Fue su propia idea. Y la redacción era de primera. El embellecimiento del "cuaderno" no se hizo a expensas de una escritura sofisticada convincente. Mejoró el trabajo, y le permitió sentirse en la época de Homero. Este estudiante fue aceptado en una de las universidades de la *Ivy League* de Estados Unidos con una beca completa.

Algunos estudiantes tienen más dificultades con la escritura analítica, pero sobresalen en el arte. A través de dibujos atmosféricos de escenas de Percival, de Wolfram von Eschenbach, por ejemplo, son capaces de entrar profundamente en la imaginación. Esto también es una forma de conocimiento - la inteligencia del corazón. Todos conocemos la expresión: *Una imagen vale más que mil palabras.* Yo a menudo me asombro de lo que los alumnos son capaces de captar y transmitir en sus dibujos a través del color, la composición, gestos y otros detalles reveladores. ¿Y quién sabe qué es lo que les motiva en lo más profundo de su ser? ¿Quiénes somos nosotros para juzgar que tan profundamente les ha conmovido el contenido temático? Para mí es evidente cuando miro algunas de las impresionantes ilustraciones, que ellos han obtenido un mayor y profundo entendimiento de la época medieval que alguien que hubiera escrito un ensayo intelectualmente sólido, pero sin mucha conexión interior o inmersión. La mayoría de los estudiantes disfrutan y se enorgullecen de crear un trabajo único y estéticamente agradable. Nunca doy por sentado su trabajo. Vivimos en un mundo en el que no se aprecia la auténtica belleza, y hay que cultivarla, al igual que la profundidad de la comprensión y el pensamiento analítico que también se necesita cultivar - aunque yo prefiero llamarlo *pensamiento vivo*. La práctica de la estética refina y agudiza las percepciones a un nivel fundamental - casi primario-, los efectos dominó que entran en las diferentes esferas de la vida práctica.

48 Willi Müller, profesor durante muchos años y fundador de Waldorf Teacher Education, Eugene, Oregón (WTEE).

49 Rudolf Steiner, *Faculty Meetings with Rudolf Steiner: Volumen 2* (Anthroposophic Press, 1998), 12.9.1922, p. 627. Las palabras de Steiner en la traducción inglesa son insípidas en comparación con cómo se expresaba él en el original.

50 Rudolf Steiner, *The Kingdom of Childhood* (Anthroposophic Press, 1995), pp. 36-7

51 Ibid. p. 111

52 Rudolf Steiner, *Human Values in Education* (Anthroposophic Press, 2004), pp. 107-108

53 Rudolf Steiner, *Faculty Meetings with Rudolf Steiner: Volumen 2* (Anthroposophic Press, 1998), 12.9.1922, p. 628

54 Thomas Friedman y James MacKillop, *The Copy Book: Mastering Basic Grammar and Style* (New York: Holt, Reinhart and Winston, 1980).

Cuento

"Sherezade es una genio de la medicina de los cuentos.
Sabe cómo contar la historia adecuada en el momento
adecuado. Teje una alfombra de cuentos que nunca termina. Sabe cuándo detener un cuento y cuándo dejarlo
abierto. Entiende el lenguaje de imágenes del alma y lo
habla con elocuencia. Ella administra su medicina consciente y cuidadosamente. Sus cuentos no son arbitra-
rios; sino que se eligen cuidadosamente para adaptarse
al rey enfermo. A través de sus cuentos, ella lo inicia en
su propia historia." [55] ~Horst Kornberger

EN LA PRIMARIA MENOR, los maestros titulares de grupo
muy frecuentemente – no siempre - terminan la Clase Principal
con un cuento. Este cierre permite un momento de silencio y
asentamiento antes de la hora del refrigerio y el recreo. El tiempo
asignado es breve, entre diez y quince minutos.

Aunque también contaba cuentos al final de la Clase Principal
en los dos primeros grados, me pareció especialmente valioso
entre 3º y 6º grado, pero por razones diferentes. El contenido
de los cuentos de cada grado es tan amplio que es imposible
hacer justicia a las mitologías durante la parte central de la Clase
Principal, sobre todo teniendo en cuenta el creciente número

de materias que hay que impartir. Simplemente no hay tiempo suficiente para cubrir todas las historias importantes. Aunque hay bloques de Clase Principal programados para mitología hebrea (historias del Antiguo Testamento), la mitología nórdica, la antigua India, Persia, etc., es casi imposible dar a los estudiantes una visión completa de todas las sagas y mitos dominantes. Aquí es donde entra en juego la última porción de la clase de la mañana.

Al presentar el nuevo material en un bloque de humanidades, como la antigua India o el antiguo Egipto, uno puede elegir los relatos o mitologías históricamente más importantes. Sin embargo, durante un bloque de matemáticas o geometría uno puede añadir algunas de las historias restantes al final de la clase para completar la imagen. Durante el bloque de Egipto, por ejemplo, uno tiene que dedicar una cantidad substancial de tiempo a la historia de Egipto - las dinastías, los aspectos geográficos, las pirámides, los descubrimientos arqueológicos, los jeroglíficos, etc. Sin embargo, hay muchos mitos que pueden añadirse una vez finalizado el bloque y se haya pasado a otro tema. Lo mismo ocurre con la historia griega, donde la variedad y cantidad de relatos mitológicos es aún mayor, a las que me resisto a renunciar, ya que arrojan luz sobre nuestro tiempo y son relevantes y frecuentes en la vida moderna, además de que se mencionan constantemente en la literatura. En 6º grado, la última parte de la Clase Principal puede dedicarse a las leyendas artúricas o las aventuras de Percival.

Sin embargo, no se trata de inundarlos con material de cuentos. Por ejemplo, al contar la historia de Osiris durante el bloque sobre el antiguo Egipto, no sería necesario añadir otra historia al final de la Clase Principal. Al enseñar materias como matemáticas o física, sin embargo, encaja bien y tiene sentido. Otra opción es utilizar una clase durante el día ("clase principal extra ") para algunas de estas historias, o al final del día escolar, dependiendo del horario. Será de acuerdo con el propósito de la historia y de dónde se quiera situarla. Los cuentos pueden contarse al final de la Clase Principal siempre que parezca apropiado. Rara vez hice uso de ella en 7º y 8º grado, y definitivamente ya no durante la preparatoria.

Siempre que contemos cuentos, como ya se ha dicho,

debemos asegurarnos de hablarle al niño en su totalidad, que sienta el cuento con todo su cuerpo. Así nos dirigimos al cuerpo astral del niño, del que algo irradia hacia la cabeza. En los grados de primaria menor es mejor resistir la tentación de explicar el cuento, de cargarlos con conceptos abstractos, ya que de todos modos llegarán a comprender los cuentos más adelante. En la primera conferencia de *Consejos Prácticos para Profesores*, Steiner subraya este punto: "Por tanto, intenta educar el yo y el cuerpo astral de abajo hacia arriba, para que después le sigan la cabeza y el corazón. Procura no contar los cuentos de manera que les cause a los niños reflexionar y los comprendan en la cabeza. Cuéntalos de manera que evoquen una especie de asombro silencioso y emocionado (dentro de los límites) y de manera que evoque placeres y penas que sigan resonando después de que el niño te haya dejado, para transformarse poco a poco en comprensión e interés." [56]

---

55 Horst Korberger, *The Power of Stories: Nurturing Children's Imagination and Consciousness* (Floris Books, 2008), p. 75.

56 Rudolf Steiner, *Practical Advice to Teachers* (Anthroposophic Press, 2000), p. 15.

Gracias y refrigerio

Tierra que nos da este alimento, Sol que lo hace madu-
rar y bueno. Querida Tierra, querido Sol, por ti vivimos,
nuestro amoroso agradecimiento te damos.[57]

ANTES DEL REFRIGERIO LA Clase Principal normalmente
es llevada a darle un cierre con una bendición, que cultiva el
sentimiento de gratitud. De este modo seguimos fomentando
la virtud fundamental del primer ciclo de siete años de la
vida: la gratitud. Es la virtud que se transforma en el impulso
motivador del amor. Steiner lo aclara en *Los Valores Humanos
en la Educación*: "El amor es la virtud que pertenece al segundo
periodo de la vida. Y después de la pubertad, la experiencia del
amor entre el cambio de dientes y la pubertad se convierte en
deber, la más íntima motivación humana. Se convierte en el hilo
conductor de la vida."[58] En la bendición expresamos nuestra
gratitud por lo que recibimos, que se transforma en amor por
lo que hacemos, y florece en el conocimiento íntimo de lo que
se nos exige, nuestro deber - cumplido con *amor y gratitud*. La
bendición se nutre del pasado, fortalece el presente y desarrolla
el futuro.

Todo ha sido recogido. Los niños se ponen de pie y llegan al
silencio interior y exterior. Se puede aprender mucho del tenor de
ese silencio. Es un momento decisivo para el maestro, un momento
de balance: ¿La clase se ha desarrollado armoniosamente? ¿He
aportado suficiente contenido? ¿Pude resolver un problema social
subyacente? ¿He satisfecho sus necesidades? ¿Están satisfechos?
¿Logré los rasgos distintivos de los ideales Waldorf? Es decir,
¿conecté la materia con el ser humano, he ido del todo a la parte,
he enseñado con imaginación, dirigí la clase de forma rítmica
y musical? ¿Les hice reír y «llorar» al menos una vez durante la
clase? ¿He guiado a los niños por todo el zodiaco de los sentidos
durante esta Clase Principal? Por supuesto que estas preguntas
permanecen justo debajo de la superficie de la conciencia del
maestro, pero se experimentan palpablemente como un estado
de ánimo o ambiente.

En esos segundos que preceden a la acción de dar gracias o cantar el verso, el maestro puede ver en sus caras si están contentos, animados o disgustados. Todos los sentidos se convierten en oídos que escuchan el bienestar del salón como grupo y de cada alumno. El maestro puede sentir esa sensación de vida en su interior. A menudo uno se siente conmovido por el acto de gracias.

Muchas escuelas tienen un tiempo designado para comer, para los grados de primaria menor, normalmente es de alrededor de diez minutos.

Esto garantiza que todos los niños coman algo y no caigan en la tentación de salir corriendo a jugar sin haber comido nada. Es prudente plantear el tema de la comida en las reuniones de padres. Lo ideal es que los alumnos coman alimentos sanos y establecer pautas respecto a compartir la comida en el grupo. Si los padres pueden llegar a un acuerdo con el maestro sobre el tipo de comida permitida en el salón, será más fácil para todos los implicados, sobre todo porque algunos alumnos tienen restricciones y necesidades dietéticas especiales.

Dependiendo del grado o del día, a algunos maestros les gusta leer al grupo mientras comen. Se crea un ambiente diferente al contar una historia o cuento. Da al maestro la oportunidad de leer un buen libro a los alumnos mientras comen de forma tranquila y con mesura. También es una buena oportunidad para que escuchen y por lo tanto emulen el dominio de la lectura oral. Después de eso, los niños pueden salir a disfrutar del recreo. El juego es una forma de hacer digestión. La clase principal ha terminado.

---

57 Una gracia muy querida en la primaria.
58 Rudolf Steiner, Human Values in Education: The Foundations in Waldorf Educa-
    tion (Anthroposophic Press, 2004), Lectura 6.

SEGUNDA PARTE

.

Respiración

"De todas las relaciones que el ser humano tiene con
el mundo físico, la más importante es la respiración."[59]
~Rudolf Steiner

EL SER HUMANO es un ser rítmico hasta la médula. Estamos
envueltos por múltiples ritmos, actuamos según estos mismos
y nos sentimos desubicados cuando nos salimos de este ritmo.
Queremos seguir la corriente del ritmo, sincronizarnos con el
ritmo, y a veces nos proponemos cambiar nuestros ritmos, o
ser más conscientes del poder de los diversos ritmos de la vida.
Respirar es ritmo suavizado, un ritmo amortiguado, un ritmo
redondeado. Rodea el pulso como los pulmones rodean al corazón
en forma de alas protectoras. El pulso ordena la respiración
desde dentro. El respirar equilibra la respiración desde fuera. La
respiración y el pulso están íntimamente conectados, uno afecta
al otro, se perciben y se escuchan mutuamente, permitiéndonos
vivir. El ser humano es un ser musical hasta la médula. Steiner
afirma:

> Toda experiencia rítmica se basa en la misteriosa re-
> lación entre la respiración y el latido del corazón, la
> circulación de la sangre. Se puede decir que mientras

> la melodía es llevada desde el corazón a la cabeza en la corriente de la respiración - y por lo tanto en un a-flojamiento exterior y una creación interior de calidad - el ritmo se transporta en las ondas de la sangre del corazón a los miembros, y en los miembros se detiene como voluntad. De esto se desprende cómo el elemento musical impregna realmente todo el ser humano.[60]

Para un maestro es útil meditar periódicamente sobre la importancia de la respiración en su relación con el pulso, del mismo modo que meditamos sobre la línea recta y curva antes de entrar en primer grado, y muchas veces después de eso también. Cuando nacemos respiramos inhalando por primera vez, y cuando morimos, exhalamos nuestro último aliento. Comenzamos nuestra vida terrenal con una inhalación y la terminamos con una exhalación. Nos inspiramos y expiramos un poco con cada respiro, vivimos y morimos con cada aliento. Algo entra y algo se va. Tomamos lo nuevo y nos desprendemos de lo viejo. Se crea tensión y se libera tensión. Cada respiración transforma el aire. La luz y la oscuridad residen en cada respiración. Con cada respiración se iguala la polaridad - una experiencia yin yang. Nos expandimos y nos contraemos. A veces más rápido, a veces más despacio, según las circunstancias. Ninguna respiración se repite. Cada respiración es única, imbuye y regala experiencias del alma. Pequeños nacimientos y muertes cada vez que respiramos - 18 veces en un minuto. ¡Qué maravilloso!

Y todo se basa en la relación legítima entre la respiración y el pulso: cuatro pulsaciones por una respiración (inhalación y exhalación). Meditar sobre esta relación y su magnificencia universal puede ser abrumador, puede aturdir la mente - o llenarlo a uno de humilde asombro ante la sabiduría ilimitada del mundo. Comprender el significado de una sola respiración nos permite entender la conexión entre el ser humano y la vasta extensión del cosmos. *Ver el mundo en una pequeña respiración.* En los confines de una respiración podemos percibir la unidad entre lo divino y lo temporal. El paraíso y la tierra son uno. Y Steiner, cuando profundiza en estas conexiones es capaz de aclarar esta relación de tal manera que arroja luz sobre diversos aspectos de nuestra existencia, incluida la educación.

La proporción es de 1:4, lo que también puede relacionarse con la proporción de nitrógeno y oxígeno en el aire (20% de oxígeno por 80% de nitrógeno, o para ser más concretos, 21% a 78%). El ritmo del pulso y la respiración es fundamental para toda la música y la poesía. En un minuto tenemos 18 respiraciones por 72 pulsaciones, y respiramos 25,920 veces al día en promedio. Lo que hace esta cifra tan asombrosa es que se correlaciona con el año Platónico. Este período de tiempo para un ciclo completo de los equinoccios alrededor de la eclíptica es de 25,920 años, lo que corresponde al número de respiraciones que hacemos, en promedio, cada día. Dicho de otro modo, es el tiempo que tarda el Sol en recorrer el zodiaco. También se le llama el Gran Año (la astronomía moderna suele oscilar entre 25,772 y 26,000 años, que se aproxima a los 25,920). Podemos leer sobre este ciclo no sólo en la obra de Platón, sino también en el texto más antiguo del mundo, los Vedas, donde los llamados ciclos Yuga están escritos y explicados. La correspondencia entre el número de respiraciones que hacemos en un día y el Gran año Platónico es asombrosa, aceptemos o no la realidad del mundo espiritual. Muestra cómo nosotros, los humanos, somos un microcosmos del macrocosmos, cómo lo pequeño encaja en lo grande. Estamos íntimamente conectados al Gran Año Platónico con nuestra respiración y nuestro pulso. El macrocosmos vive dentro de nosotros.[61]

~

Cuando empecé a enseñar en la Escuela Waldorf de Hawthorne Valley, al norte del estado de Nueva York, Rudolf Copple estaba en la segunda mitad de sus ochenta años. Había sido maestro Waldorf en la Ciudad de Nueva York y, antes de eso, euritmista. Como adulto mayor distinguido, solía ser asesor de maestros y observaba clases cuando se mudó por primera vez a Hawthorne Valley. Patrice Maynard, quien tuvo el privilegio de tenerlo observando una de sus clases, hablaba a menudo de Rudolf Copple y sus comentarios, acompañados de sonrisas y asentimientos. Su punto principal era que la Clase Principal, con sus distintas secciones, necesita *respirar*. Es precisamente este proceso de *"respiración"* entre los distintos segmentos de la Clase Principal que encontró que faltaba en casi todas las clases que visitó, añadiendo que era especialmente notable en Estados

Unidos. Cuanto más empecé a orientar, observar y evaluar a los maestros, más me di cuenta de esta cualidad también. Algunas clases se sentían tensas y sin aliento, otras necesitaban una oxigenación literal y figurada, y a menudo las secciones se fundían entre sí, de modo que la "respiración" resultaba superficial. Incluso algunas veces no estaba seguro de qué bloque era el que se estaba enseñando. Cuándo inhalar y cuándo exhalar - ésa es la cuestión. La educación tiene la gran responsabilidad de guiar la respiración correcta. Conocer la importancia de la respiración es buen punto de partida. Nos encarnamos con cada inhalación, y "excarnamos" con cada exhalación - siempre con suavidad. Como maestros no sólo tenemos que observar y escuchar con sensibilidad la calidad de la clase, sino leer a los alumnos que tenemos frente a nosotros. En secciones anteriores de este libro ya hemos visto cómo algunas partes de la clase se orientan hacia lo uno o lo otro: expansión o contracción. Pero, para conseguir una respiración sana en el salón tenemos que practicar trabajar con los diferentes segmentos de la clase, especialmente dentro de la larga clase de la mañana. La duración armoniosa de cada sección crea una respiración equilibrada. Los maestros se convierten en compositores y directores, y cada Clase Principal es una composición musical dirigida por nosotros.

Transiciones: Cada transición, por pequeña que sea contribuye a la fluidez saludable de la clase. Una transición fluida puede lograrse con una canción, un poema, utilizando las palmas, una marcha rítmica, o una combinación de los anteriores. A veces basta con un momento de silencio. Dependiendo de lo que elijamos - y hay muchas variantes - tendrá un efecto calmante o estimulante. Esta contracción y expansión continuas servirá a las necesidades de la clase. Estamos respirando de una sección a otra. Esto permite a los alumnos saber que estamos dejando algo atrás y entrando en una nueva fase de la clase. Y cada segmento de la clase suscitará una variación en la respiración. A lo largo de cada clase, la respiración de los alumnos debe aumentar y disminuir junto con su propio ritmo cardíaco. Los ritmos del corazón afectan al sistema respiratorio. Recuerdo haber observado un segundo grado en el que el maestro hacía que los niños caminaran por la barra de equilibrio de camino a recoger el cuaderno de la Clase Principal en la transición entre el nuevo material y el trabajo en el cuaderno. Era maravilloso observar a los alumnos, uno tras otro, cruzar a través de la barra de equilibrio. No les llevó mucho tiempo, pero en esos instantes activaron sus sentidos del movimiento y el equilibrio, que, a su vez, los conectaban sutilmente con los sentidos cognitivos: el de la palabra y el del oído, respectivamente. Una transición perfecta.

Contenido: Mientras estamos frente de los alumnos, estamos entregando contenido, ya sea dando instrucciones, limpiando el pizarrón o enseñando el nuevo material. El contenido también forma parte del ying y el yang de las clases - la contracción y la expansión. Si hemos cubierto contenidos serios como la biografía de Nerón - el que se volvió malvado emperador romano - podemos equilibrarlo contrastando su atroz gobierno con los logros del emperador Trajano, conocido como *optimus princepts*, el "mejor gobernante". Si los acercamos demasiado (contracción), entonces tenemos que liberar la tensión (expansión) mediante una anécdota humorística o un chiste. Steiner señaló explícitamente que en cada Clase Principal los niños deberían reír y llorar al menos una vez. La gravedad y la levedad del alma y el cuerpo deben formar parte de nuestras clases diarias. La respiración de los niños se acelera o se ralentiza con todo lo que hacemos en la clase, con las canciones que cantamos, la poesía que recitamos, los juegos que jugamos, o los momentos de quietud y escucha silenciosa. Hay momentos en que los niños están sentados al borde de sus sillas conteniendo la respiración en una parte emocionante de la historia que están escuchando, o exhalan con alivio cuando la tensión se ha resuelto, recargándose hacia atrás en sus sillas nuevamente.

No obstante, también hay consecuencias a largo plazo directamente relacionadas con la forma en que transmitimos y entregamos el contenido, que afecta a la respiración de los niños más adelante en su futuro. La pedagogía Waldorf consiste en una enseñanza artística, viva y entusiasta que se dirige al niño en su totalidad. Sin embargo, el mayor reto de nuestro tiempo es no sucumbir a las abstracciones y a la intelectualidad. Rudolf Steiner, durante sus últimas conferencias públicas en 1924, Stuttgart dijo,

> Si sobrecargamos el intelecto y no somos capaces de pasar a lo pictórico, el proceso de respiración en el niño se desordena de forma delicada y sutil. El niño se con-

> gestiona, por así decirlo, en una debilidad del proceso respiratorio. [...] [Y] el niño cae víctima de una especie de pesadilla subconsciente, si la educación es demasiado intelectualista entre el séptimo y el decimocuarto año. Una especie de pesadilla íntima interior nace y permanece en el organismo; que, más adelante conlleva a tener asma u otras enfermedades relacionadas con un proceso respiratorio turgente. [62]

Otro elemento de una respiración sana dentro del salón de clases es la duración de cada segmento. Si, por ejemplo, contamos una historia durante demasiado tiempo, entonces se enrojecerán de forma poco saludable, aunque la historia les esté gustando; y si no ofrecemos suficiente material nuevo o sólo contamos una pequeña parte de la historia, se sentirán defraudados.

El éxito de la respiración en el salón de clases se nota cuando los alumnos se dejan llevar por el ritmo de la clase. Con transiciones orquestadas y un uso perspicaz del contenido y la actividad física, las dos horas pasarán volando y los alumnos saldrán al recreo sintiéndose realizados. La naturaleza tripartita del ser humano - cabeza, corazón y manos – habrá sido cubierta. En resumen, respirar correctamente es encontrar el equilibrio entre forma y libertad. No debemos olvidar tampoco que la forma en que dirigimos la clase de la mañana afectará también a las clases posteriores.

Otro aspecto de la *respiración* tiene que ver con la planificación de las distintas Clases Principales (véase "Preparación para la Clase Principal"). Una vez finalizado un bloque, dejamos que la materia se duerma, para volver a despertarla más adelante o al año siguiente. Steiner subraya la importancia de olvidar y recordar en muchas ocasiones diferentes. El período de gestación permite que el material madure y se transforme. El aprendizaje nunca es lineal. Crece como una planta en la que durante un tiempo parece que no pasa nada y luego aparecen nudos en el tallo y brotan nuevas hojas o florecen. La planta es una metáfora adecuada del aprendizaje y el crecimiento. El periodo intermedio de descanso u olvido permite que los conceptos arraiguen, florezcan y den fruto. Cuando se vuelve a retomar el material, los estudiantes vuelven a experimentar los contenidos de una manera nueva y viva, y pueden seguir adelante con un interés e incentivo renovado. Esto contextualiza y profundiza la experiencia. Se cultiva una nueva relación con el tema y, a menudo, los estudiantes encuentran nuevos avances en relación con el contenido. También he observado que, si existía una antipatía hacia algo, por una razón u otra, a menudo desaparece, se transforma o simplemente deja de ser un problema. Comprender las cosas es algo misterioso. En nuestra propia vida, uno puede observar con qué frecuencia los problemas se revelan o se resuelven por sí solos, a veces después de muchos años - incluso décadas. Pero hay que plantar la semilla.

La enorme importancia de la respiración y cómo está íntimamente relacionada con el sistema tripartito del cuerpo humano se menciona en la primera conferencia de *Fundamentos de la Experiencia Humana*, donde Steiner afirma "que los niños aún no pueden por sí mismos respirar correctamente, y que la educación consiste en enseñar a respirar correctamente."[63] Este ámbito intermedio de la respiración está íntimamente relacionado por un lado con el metabolismo, especialmente en lo que respecta a la circulación sanguínea, y por otra con el sentido nervioso vivo, en la que el líquido cefalorraquídeo se introduce en el cerebro con cada inhalación y vuelve al cuerpo con cada exhalación. Steiner lo relaciona con la incapacidad del niño para "crear armonía entre dos partes del ser humano: el cuerpo temporal y el alma espiritual". El niño tampoco puede "completar la transición entre el sueño y la vigilia de un modo apropiado a los seres humanos. [...] [Ellos] no pueden llevar todo lo que han experimentado físicamente al mundo espiritual, procesarlo allí y luego traer los resultados de este trabajo de regreso al plano físico."[64] Y aquí es donde el maestro desempeña un papel importante. Todo lo que les enseñemos dentro del salón de clases y en la escuela con respecto a una respiración adecuada, les brindará apoyo para tener un ritmo adecuado entre la vigilia y el sueño.

> Como maestros, no podemos dar a los niños nada de los mundos superiores. Lo que los seres humanos reciben de los mundos superiores les llega durante el sueño. Todo lo que podemos hacer es utilizar el tiempo que los niños pasan en el plano físico para ayudarles gradualmente a tomar lo que hacemos con ellos hacia el mun-

> do espiritual. Entonces, lo que llevan dentro puede fluir
> de vuelta al mundo físico como fuerza, una fuerza que
> pueden traer del mundo espiritual para convertirse en
> verdaderos seres humanos en la existencia física.[65]

Entonces, ¿qué más podemos hacer para ayudarles en este sentido? Steiner, en la misma conferencia, menciona que el mayor efecto sobre los alumnos es a través de *lo que somos* y del esfuerzo espiritual que hemos emprendido a lo largo de nuestra vida. Esto, a su vez, influirá en el contenido de nuestras clases, hasta en el más mínimo detalle. Parte de lo que tenemos que enseñar en nuestra época es muy abstracto, pero si impregnamos el material de entusiasmo, vida y reverencia interior, también les estamos enseñando la relación correcta con la vida del sueño. Entonces ellos toman consigo los fundamentos morales y los ideales que les hemos inculcado. Lo que les haya movido interiormente, en su vida de virtudes, lo que les haya pinchado en la conciencia, se transformará a través del ritmo continuo de vigilia y sueño. Estas fuerzas morales resultantes, se experimentarán como sentimientos de bienestar hacia todo lo que es bueno, verdadero y bello. Cada clase es una semilla que fomenta y fortalece la división inicial entre lo espiritual y físico, armonizando gradualmente el alma espiritual y lo corpóreo en armonía. Cuando los niños traen sus experiencias del alma, su comprensión empática y la conexión con todo lo que es noble y bueno en su vida de sueño, entonces estos atributos pueden ser profundizados e intensificados a través de las jerarquías espirituales. El cuerpo astral reforzado entonces vuelve a entrar en el cuerpo etérico y físico, cambiando sutilmente el ritmo de la respiración. Estas fuerzas anímicas asentadas entonces modifican la respiración para que sea cada vez más equilibrada. Las conexiones con el alimento moral de las clases viven de forma refinada dentro de los ritmos de la respiración y pueden, con el tiempo, convertirse en un estado de ánimo general del alma. Poco a poco se convierte en una orientación interior hacia el ámbito moral.[66]

El conocimiento requiere tiempo. Comprender lleva tiempo. Adquirir habilidades lleva tiempo. Como maestros, ¿etiquetamos a los alumnos demasiado pronto? ¿Se definen por esas etiquetas? Especialmente en nuestra época actual, los alumnos quieren ser vistos por lo que son y no ser reducidos a una etiqueta como TDA, TDAH, relegados a un lugar en el espectro, o llamados niños Índigo, niños Estrella, o lo que sea, aunque las evaluaciones legítimas tienen un lugar definido en nuestra comprensión de estos estudiantes y cómo podemos ayudarles y apoyarles.

Yo he observado a muchos estudiantes hacer enormes progresos a lo largo de los años, algunos de ellos casi milagrosos. Recuerdo a un estudiante de preparatoria al que le costaba mucho leer y escribir, aunque era brillante, atento y muy perspicaz. Con el pleno apoyo de sus padres y maestros, se modificaron drásticamente los requisitos escolares y esto se reflejaba en los reportes escritos. Cinco o seis años después de que se graduara de repente recibí una tarjeta suya (yo había sido su asesor) invitándome a su graduación. Tras unos años como carpintero, se había matriculado en la universidad y se había convertido en arquitecto. Me conmovió profundamente. Los estudiantes tienen diferentes estilos de aprendizaje, así que tenemos que confiar en ellos mientras les brindamos el apoyo que ellos necesitan. De manera similar, tuvimos un estudiante que apenas escribía alguno de los ensayos que se le eran asignados hasta el doceavo grado, sin importar lo mucho que le alentáramos e insistiéramos. Nosotros le permitimos ayudar en la granja después de la Clase Principal (una sugerencia que vino de él). Cuando llegó el último año de preparatoria, de repente despegó, creando cuadernos de Clase Principal completos en todos los bloques. Ciertamente, en mi bloque de Fausto, su cuaderno de la Clase Principal fue uno de los más completos y claros de toda la clase: un logro realmente impresionante. Había pruebas de su desarrollo en años anteriores por sus comentarios sorprendentemente perspicaces y perceptivos durante los debates en clase, pero aún no había tenido la capacidad de plasmarlos por escrito. Superó con creces nuestras expectativas.

Esto es importante tenerlo en cuenta, ya que cada vez más y en un número cada vez mayor de escuelas Waldorf se insiste en forzar el aspecto académico desde el primer grado, alegando que los niños no sabrán leer ni escribir si no se le dedica más tiempo a ello y que en toda una serie de planes de estudio ingeniosamente pensados incluso recomiendan alargar la jornada escolar. Uno se olvida que los alumnos que interiormente no están preparados simplemente no "captarán" algunos conceptos, por mucho que intentemos "metérselos". A este respecto nos conviene recordar la famosa cita de W.B. Yeats: "La educación no es el relleno de una cubeta, sino el relámpago de un incendio ". Rudolf Grosse, quien fue maestro por mucho tiempo en la escuela Rudolf Steiner-Schule de Basilea, Suiza, escribe en su brillante y amplio libro Erlebte Pädagogik (Pedagogía Experimentada), "Hay alumnos que rechazan cualquier aprendizaje intelectual y son incapaces de lograr o presentar algo que se les brinde de forma abstracta antes de que lleguen a la adolescencia. Se infiltra en ellos tan poco como el agua que se filtra a través de la piel. Se les puede considerar como torpes, mientras que sus almas aún están en casa en los muy diferentes reinos de la conciencia pictórica e imaginativa. Una vez superada la pubertad, apenas y se les reconoce en su ser transformado, y en poco tiempo se han puesto al día con lo que antes era imposible enseñarles."[67] Rudolf Grosse prosigue y da algunos ejemplos notables de alumnos que habían experimentado transformaciones tan notables. En el mismo párrafo Grosse cita a Steiner en referencia a un estudiante "lento": "Ya verás, él abrirá su cabeza para cuando llegue a noveno grado."[68] La tarea del maestro, sin embargo, consiste en distinguir entre los alumnos que tienen legítimas discapacidades de aprendizaje y que necesitan ser tratados terapéuticamente, y los que simplemente necesitan más tiempo. En estos casos, es importante colaborar estrechamente con los padres y, si es posible, con el médico de la escuela y el maestro de apoyo académico.

Así podremos comprender mejor que hay diferentes ritmos implicados en el desarrollo de la respiración. El sistema respiratorio pedagógico demanda que los maestros lo observen cada vez más de cerca y lo comprendan en términos de una imagen expandida del ser humano.

59 Rudolf Steiner, *The Foundations of Human Experience* (Anthroposophic Press, 1996) p. 40

60 Rudolf Steiner, *The Inner Nature of Music and the Experience of Tone* (Spring Valley, Nueva York: The Anthroposophic Press, 1983), págs. 67-68.

61 Wilhelm Horner, *Kosmische Rhythmen im Menschenleben* (Stuttgart: Urachhaus, 1990)

62 Rudolf Steiner, *The Essentials of Education* (London: Rudolf Steiner Press, 1968), p. 24.

63 Rudolf Steiner, *The Foundations of Human Experience* (Anthroposophic Press, 1996), p. 41.

64 Ibid. p. 41-42.

65 Ibid. p. 42.

66 Ernst Michael Kranich, *Die Verbindung des werdenden Menschen mit den Kräften des Moralischen*. Kranich, (Hrsg.), Moralische Erziehung: Beiträge zur Pädagogik Rudolf Steiners (Stuttgart: Verlag Freies Geistesleben,1994) p. 37.

67 Rudolf Grosse, *Erlebte Pädagogik: Schicksal und Geistesweg* (Dornach: Verlag am Goetheanum, 1998), p. 96 (traducción libre del autor).

68 Ibid.

Ritmo de tres días

"Al forzar las facultades intelectuales de los niños,
obstaculizamos su crecimiento; no obstante, liberamos
esas fuerzas acercándonos al intelecto a través del arte.
[...] La enseñanza comienza con las imágenes, no con el
intelecto. La relación maestro-niño está impregnada de
música y ritmo, y así obtenemos el grado necesario de
desarrollo intelectual del niño."[69] ~ Rudolf Steiner

MUCHO EN LA PEDAGOGÍA WALDORF tiene que ver con
el ritmo. Cuanto más entrelazamos los diversos ritmos, más
armoniosas serán nuestras clases, lo que fortalece el crear el
hábito del niño y le infunde fuerzas vitales. Nosotros debemos
tomarnos el ritmo en serio. El ritmo de tres días es otro ejemplo
de trabajo consciente con el plan de estudios para obtener
resultados óptimos. Su implementación ayuda al niño en su
totalidad, ya que favorece y refuerza la memoria, una base sólida
para el desarrollo del intelecto y lleva el contenido hasta la
voluntad a través del movimiento y otras actividades artísticas.

Existe cierta confusión sobre el ritmo de tres días. En pocas
palabras (aunque sin pedantería): el primer día introducimos el
nuevo material; el segundo día lo repasamos, solidificamos y lo
desarrollamos; y el tercer día lo finalizamos y lo llevamos a una
conclusión. Es fácil que surja la idea errónea de que el nuevo
material sólo se presenta cada tres días. Pero no: el material
nuevo se introduce cada día, aunque siga la secuencia de tres
días.

El elemento significativo es el lapso de tiempo entre las clases
porque permite que la materia se asiente y se asimile. El énfasis
se pone en los dos primeros días, por lo que también se considera
más bien un ritmo de dos días. Sin embargo, las conclusiones
son importantes; hacen la suma de todo lo visto y contienen la
esencia del contenido pedagógico, además así añadimos un día
más al proceso, estamos apoyando el proceso de maduración.
En realidad, la situación muchas veces exige que la conclusión

se produzca al final del segundo día, aunque el trabajo escrito a menudo necesita otro día para alcanzar su forma definitiva. Lo importante es llegar a una conclusión que cierre el tema hasta que vuelva a surgir en el futuro. El ritmo de tres días está estrechamente relacionado con el concepto de respiración (véase "Respiración"). Como se ha mencionado en varias ocasiones, se tiene en cuenta la vida del sueño. El primer día presentamos el nuevo material. Los alumnos escuchan y asimilan el contenido. Por lo general, no les pedimos que realicen trabajo escrito sobre el material presentado, independientemente del grado. Sin embargo, se les puede pedir que realicen una actividad artística que corresponda con el nuevo material, como dibujar un diente de león, o pueden trabajar en una portada si también es el primer día del bloque.

El segundo día se repasa el material nuevo del primer día (véase "Repaso"). Durante este repaso, los niños recuerdan y reviven la clase del día anterior, la comentan, expresan su comprensión del material, ofrecen opiniones, juicios o conclusiones. Los niños, al haber integrado el nuevo material durante la noche, tendrán una relación más personal y clara con él. El maestro puede guiar a las actividades que refuercen lo aprendido u ofrezcan otras perspectivas. Ahora están preparados para escribir sobre el material revisado, que adoptará diferentes formas en función del grado y del bloque de la Clase Principal.

En el tercer día, la conclusión adoptará la forma de un resumen de los elementos esenciales del contenido, que puede incluir pasarlo en limpio o leer en voz alta el texto escrito en el pizarrón una última vez (en los grados de primaria menor), tras lo cual se deja el tema hasta que se vuelva a él más adelante. Las conclusiones o definiciones deben evitarse al principio del ciclo.

Para repasar: Día 1), *introducción*. Día 2), *revisión y desarrollo*. Día 3), *conclusión*, dejar ir. Sin embargo, lo que no se reconoce ni se practica tan fácilmente es que el ritmo de tres días no se repite cada tres días, sino que *los ritmos suceden simultáneamente juntos*. Se trata de una forma de movimiento paralelo, o un ciclo de tres niveles. Se lleva a una repetición, pero he hablado con muchos maestros que tienen la impresión de que sólo tienen que introducir material nuevo cada dos o tres días. Parte del malentendido radica en el hecho de que los maestros a menudo asignan el trabajo escrito el tercer día, el día de la conclusión. Algunos maestros tienen un ciclo de dos días para el material nuevo y un ciclo de tres días para el trabajo escrito. Hay que reconocer que será difícil implementar y mantener este ritmo. Sin embargo, ésta es una de las principales razones por las que no cubrimos suficiente contenido en nuestras Clases Principales, por lo que acabamos apresurándonos al final del bloque, y el por qué no se hace suficiente trabajo que sea comprensivo en clase. Es imprescindible que se entienda claramente este ritmo de tres días. Conclusión: cada día los alumnos deben recibir material nuevo a menos que haya circunstancias atenuantes legítimas. Los niños no se quejarán de que no se les exige lo suficiente si reciben material nuevo todos los días.

Para reafirmarlo una vez más usando palabras diferentes: En el primer día del bloque estamos comenzando con el ritmo. Todavía no hay nada que repasar o concluir. Pero introducimos el nuevo material. Después de eso los niños suelen hacer un dibujo que encapsule el bloque. Por ejemplo, pueden dibujar un templo griego en la portada o en la primera página del cuaderno sobre la antigua Grecia, y añadir un poema corto o un verso que se recitará por la mañana durante parte del bloque y que servirá de tema clave.

Sin embargo, el segundo día se repasará lo que se trajo durante el primer día, seguido del nuevo material. Por lo tanto, el segundo día incluye un nuevo comienzo del ritmo de tres días. Pero todavía no hay conclusiones. Para el trabajo del cuaderno escribirán sobre el tema del día (en sus cuadernos de prácticas o copiando un texto en sus cuadernos de Clase Principal), y también terminar su dibujo, o empezar un nuevo dibujo.

El tercer día del bloque, una pequeña parte del repaso se dedicará a la conclusión de lo introducido el primer día. Bastará con una breve recapitulación, que podrá incluir una lectura del texto que se ha escrito. Pero en el día tres se continuará repasando el material nuevo del día anterior, tras lo cual, una vez más, se introducirá el nuevo material del día. Después de los tres primeros días, ya se tienen tres elementos. *Este ciclo establecido continúa durante el resto del bloque.* Francis Edmunds describe el proceso de la siguiente manera:

El proceso de aprendizaje es un proceso de asimilación

y sigue un curso definido. Lo que se absorbe a través de la observación y pensamiento durante el día se hunde en los estratos más profundos del alma por la noche y vuelve al día siguiente a la conciencia, confirmado en el sentimiento y en la voluntad. Se trata de un proceso de tres días. Lo que se enseña un día se recuerda en la conversación del segundo día y se recoge, se escribe y se le da su forma definitiva el tercer día. Lo que sólo se aprende el primer día se enriquece con el sentimiento personal el segundo día y se convierte en parte de uno mismo el tercer día.[70]

En los grados menores yo solía dividir el pizarrón en tres secciones, una para cada día. El tercer día solía borrar todo lo que se había cubierto el primer día, a menos que algún alumno no hubiera terminado de dibujar o escribir lo que estaba ahí plasmado. Las excepciones pueden ser los dibujos detallados como un mapa durante un bloque de geografía o un dibujo de Yggdrasil, el árbol mítico de la mitología nórdica, que podía quedarse y acompañar durante todo el bloque. En estos casos me permitía añadir nombres o etiquetas a lo largo de las clases.

Por supuesto, en la práctica no siempre funciona tan bien, y la atención se centra más en el ritmo de dos días. Es posible que no se puedan implementar los tres aspectos por diversas razones. En realidad, se alterna entre un ritmo de dos y tres días. El trabajo con los cuadernos tiende a tener un ritmo un poco diferente y no siempre puede seguir el ritmo de la revisión y el nuevo material. En ese sentido, las cosas cambian un poco. Además, en la clase hay niños que tienen diferentes temperamentos y niveles académicos. Algunos niños, sobre todo los perfeccionistas, querrán dedicar mucho más tiempo a un dibujo, mientras que otros habrán terminado en tan sólo unos minutos. Lo mismo ocurre con la escritura. O hay desequilibrio entre las tres secciones. Todo esto impide el flujo del ritmo de los tres días. Y no pasa nada. Lo importante es a lo que aspiramos. Hay espacio de sobra para espontaneidad creativa y la improvisación; siempre y cuando no nos rindamos y dejemos que las cosas fluyan al azar.

Al examinar más detenidamente los tres aspectos del ritmo de tres días, el maestro puede darse cuenta de que dedica demasiado tiempo en el repaso o, por el contrario, demasiado poco en el nuevo material. Recapitulando: cada día nos esforzamos por *concluir* (día 3), *repasar* (día 2) y añadir *material nuevo* (día 1). Si este ciclo rítmico de tres niveles se convierte en algo natural para nosotros, podemos conseguir muchas cosas en clase. La eficacia de este planteamiento está arraigada en la noche y en la vida nocturna y el sueño, que desempeñan un papel tan importante y central en la educación Waldorf.

69 Rudolf Steiner, *A Modern Art of Education* (Anthroposophic Press, 2004),11 de agosto de 1923, p. 109.
70 Francis Edmunds, *An Introduction to Steiner Education: The Waldorf School* (Forest Row: Sophia Books, 2004), p. 93.

Clase principal en preparatoria

"En esencia, no hay más educación que la autoeducación. Tenemos que crear las condiciones para que los
niños puedan educarse a sí mismos según su propio
destino."[71] ~ Rudolf Steiner

DESPUÉS DE GRADUAR A MI octavo grado nos mudamos de
Eugene, Oregón, a la escuela Waldorf de Hawthorne Valley en
Harlemville, al norte del estado de Nueva York, donde me hice
maestro de humanidades en preparatoria, que incluía, además de
las Clases Principales y las clases de medio día, las producciones
teatrales de los grados de 10° y 12°, el coro, el teatro y la música,
además de un sinfín de asignaturas optativas. La mayor llamada
de atención que experimenté en mi transición de la escuela
primaria a la preparatoria fue el ritmo de las Clases Principales.
Hábitos de primaria media no tienen lugar en la preparatoria.
Las diferencias fundamentales incluyen actividades de apertura
excepcionalmente breves, presentaciones mucho más largas y un
trabajo con los cuadernos más reducido, que requiere más tarea
para realizar en casa.

Aunque me había adaptado bastante bien a las necesidades
cambiantes de los niños de primero a octavo grado, ahora tenía
que hacer algunas modificaciones rápidas, bruscas y conscientes.
En primer lugar, me di cuenta de que la parte rítmica estaba muy

reducida (y con algunos maestros, casi inexistente, excepto por un breve poema para darle el tono al bloque), tuve que buscar alternativas. Aunque acorté mi tiempo de "entonación" recitaba poesía, hacía ejercicios de oratoria de vez en cuando y cantaba canciones para destacar el contenido temático - o canté por el mero placer de cantar.

La forma en que se llevan a cabo las actividades de apertura en la preparatoria depende en parte del maestro, pero más del bloque correspondiente. En la clase de "Historia a través de la Música" de 11° grado, el canto de canciones tiene prioridad, aparte de la recitación de uno o dos poemas relacionados con la música. El bloque de música también permite un mayor espectro de actividades, que pueden incluir un círculo de percusión, improvisaciones musicales (con y sin instrumentos) e incluso bailar. Estas actividades que se expanden no se realizan todos los días. Para la mayoría de las mañanas habrá un par de canciones y un poema antes de pasar directamente al corazón de la clase. Sin embargo, a menudo acomodo mis actividades musicales para que no sólo se desarrollen al principio, sino que se dispersen por el resto de la Clase Principal, en conjunción con el plan de estudios correspondiente. Por ejemplo, si estamos hablando de música medieval, podríamos cantar un canto gregoriano en ese momento, haciéndolo parte de la clase.

El bloque de "Tragedia y Comedia" de 9° grado también presenta oportunidades para una parte rítmica ligeramente más extendida. Ejercicios de teatro, sketches y una serie de improvisaciones apoyan a las obras de teatro que se leen y el estudio del desarrollo del drama a través de los tiempos. En muchos casos incorporo el trabajo teatral después del repaso y el nuevo material, lo que rompe la clase principal de forma homogénea. Los aspectos polares de la tragedia y la comedia sirven de transición adecuada entre los grados de primaria mayor y la preparatoria. Durante las actividades, puedo observar cómo reaccionan los alumnos, se mueven, escuchan, hablan, proyectan y trabajan en grupo. Y nos reímos mucho. En ese sentido, los ejercicios teatrales son una expresión sofisticada y apropiada para la "hora del círculo».

En todas las Clases Principales de preparatoria también me ha resultado útil empezar la mañana con un breve ejercicio de escritura, como un poema de grupo, un estímulo o una pregunta capciosa. Esto les hace moverse mentalmente, a diferencia del movimiento físico en los primeros grados. El efecto es similar en su efecto equilibrador y armonizador. El acto de pensar por sí mismos o en silencio dentro de un ejercicio de escritura en grupo les ayuda a encarnar y a despertar.

La otra gran diferencia, como se ha dicho, es el tiempo del que se dispone para el nuevo material - que es mucho mayor que en los otros grados. Los alumnos tienen más resistencia mental y pueden atender los temas por más tiempo. Sin embargo, también esto requiere tiempo para dominarlo. Uno no puede limitarse a darles sermones simplemente, ya que puede resultar aburrido, sobre todo si se presenta de forma intelectual, algo contra lo que hay que combatir continuamente. Surge entonces la pregunta: ¿cómo introducir una respiración sana en la Clase Principal en preparatoria? Por supuesto que algunos aspectos siguen siendo los mismos, como la profundidad del contenido, el entusiasmo y la materia a través de la imaginación. Sin embargo, hay que satisfacer el anhelo y la búsqueda interior de ideales del adolescente, con un énfasis ligeramente diferente en cada grado. Además, ellos esperan que el maestro sea totalmente auténtico y experto en su campo. Por supuesto que los maestros honestos nunca se sentirán del todo expertos, pero al menos deben tener una pasión por la disciplina que enseñan. Este estado interior del maestro lo sienten los alumnos y responden a él (aunque, por desgracia, no siempre se llega a todos).

La mayor parte de la respiración - expansión y contracción - que tiene lugar en la preparatoria debe incorporarse dentro de la impartición y el desglose del tiempo del que se dispone, puesto que la clase ya no está cómodamente amortiguada por el marco de la parte rítmica y el trabajo en el cuaderno. Uno tiene que asegurarse de que haya un equilibrio entre escuchar nuevos contenidos, entablar debates y realizar actividades relacionadas con el material. Si sólo un puñado de alumnos participan en los debates, los demás podrían desconectarse. El maestro de preparatoria también es más propenso a presentaciones y las influencias amortiguadoras de las abstracciones, y hay que subrayar que el uso de la imaginación y un enfoque artístico es tan importante en la preparatoria como en los primeros grados.

La mayoría de las presentaciones son frontales, debido a la naturaleza general de impartir conocimientos, pero se puede dividir de diversas maneras, tal como sentarse en círculo para debatir o leer fragmentos en un ambiente más íntimo, o dividirse en grupos. Sin embargo, hacerles trabajar en un proyecto de grupo o debatir determinados contenidos, requiere de una cuidadosa preparación, para evitar que los grupos se conviertan en un "sálvese quien pueda" donde sucumban a la risa y a la charla sobre lo que sea. Las presentaciones orales de los alumnos son un cambio bienvenido y constructivo. Fomenta el hablar frente al público, les saca de su zona de confort y les da la oportunidad de participar activamente, al tiempo que les ofrece la experiencia de ponerse delante de sus compañeros y dirigir una clase. Para la mayoría de los alumnos Waldorf les resulta fácil, porque han tenido una amplia oportunidad de presentar algo delante de la gente a lo largo de los grados anteriores. No obstante, ayuda a delinear claramente los requisitos y las expectativas para evitar la abundancia de titubeos o tener presentaciones de tres frases. En ocasiones, hay estudiantes que se sienten traumatizados por la mera idea de tener que hablar solos delante de otras personas, incluso de su propio salón de clases. Si fracasan todas las persuasiones y el sutil engatusamiento, les permito que escriban lo que hubieran dicho. De lo contrario, si no hay estos permisos, es posible que no se presenten el día que les corresponda presentar.

El repaso también desempeña un papel importante en la preparatoria. Como los alumnos reciben tanto material nuevo cada día, es aún más necesario que lo digieran y "olviden" por una noche. Le da al maestro el tiempo para entrar de lleno en la lección, ver a dónde lleva a la clase, y a dónde lleva la clase el material. Durante la presentación del nuevo material, lleno el pizarrón con todo tipo de notas, dibujos y diagramas para subrayar la contenido temático y hechos esenciales al igual que información pertinente. La clase adquiere vida propia. Aunque preparo la clase minuciosamente, también permito que la clase nos lleve a todo tipo de lugares inesperados. Mi pizarrón se va convirtiendo en algo desordenado y acaba pareciéndose a un cuadro de Jackson Pollock. Pero sólo parece complejo, porque los puntos están todos juntos, aunque separados en espacio. Y es ahí donde la revisión del día siguiente se vuelve esencial. En un plano puramente práctico, puedo unir todos los hilos, reunir las piezas dispares y escribirlas de forma convincente en el pizarrón, basándome en parte en lo que me dicen los alumnos y de lo que exige el material. Sus ensayos a menudo reflejan directamente las aportaciones durante el repaso. Y, como se ha señalado antes, se tiene la oportunidad de añadir y completar las piezas que faltan, al igual que los fragmentos de información olvidados. Frecuentemente, una gran parte llega a manera de preguntas. De hecho, a veces los mejores debates se producen durante el repaso en vez de que suceda durante las nuevas presentaciones - para lo que siempre concedo tiempo suficiente.

Los alumnos de preparatoria buscan perspectivas más amplias, más profundas y riquezas espirituales que arrojen luz sobre lo que significa ser un ser humano. Aún están descubriendo cómo desenvolverse en la sociedad. Buscan respuestas a los enigmas de la vida y de sí mismos. Esto debe ofrecérseles de forma libre y sin trabas a través de la materia, ya sean las humanidades o las ciencias. En clases de literatura en las que se abordan pensamientos significativos y universales, es esencial que el maestro pueda guiarles a través del laberinto temático y suministrar el contenido que falta y que pueda arrojar luz sobre los misterios del mundo y la vida en la Tierra. Si los alumnos se encuentran con ideas que puedan transformarse en ideales, que pueden seguir creciendo y cambiando a lo largo de sus vidas, entonces estamos realmente enseñando para la vida. Hasta el comentario más insignificante puede tener los efectos y las consecuencias más profundas y de mayor alcance. Mucho de lo que enseñamos es como una bomba del tiempo - el momento "ajá" puede llegar en pocos minutos, o sólo después de muchos años. Mientras que el maestro esté frente a los alumnos, todo cuenta. Como educadores estamos en la labor de fomentar las relaciones, de inculcar la capacidad de pensar lógicamente. El pensamiento vivo conduce al pensamiento libre y a valoraciones claras del mundo y de ellos mismos. Siempre que - al final de la Clase Principal - los alumnos dicen: ya terminó, vaya, qué rápido se fue", entonces sé que algo ha funcionado. Por supuesto, no siempre ocurre, pero es satisfactorio cuando ocurre. Sin embargo, es igual de importante NO mostrar sólo el propio aprendizaje, simplificar las cosas - por muy grandiosas que sean, por mucho que pienses que pueden obtener lo bien estructurada que esté la clase. Es más importante lo que podemos persuadir y sacar de ellos. Nuestro profundo conocimiento debe brindar las herramientas para formular las preguntas adecuadas que los animen a embarcarse en un viaje de descubrimiento, a examinar y explorar el tema por sí mismos – entonces ellos se lograran apropiar del tema mucho más que si se lo contáramos todo. Siempre habrá lo suficiente por decir para ti como maestro. Pero darles el espacio para que encuentren su propia voz también es un arte que hay que cultivar (y que lleva a respiración correcta). Además, los alumnos tienen mucho que aportar y no se puede negar que muchos nos superan en toda una gama de temas - si los escuchamos de verdad y apelamos a su esencia.

Aparte de este mayor énfasis en el nuevo material y el contenido, se dedica mucho menos tiempo al trabajo del cuaderno en clase, aunque hay algunas excepciones, como en el bloque de geometría proyectiva. Dicho esto, el tiempo normal para que los alumnos trabajen en sus cuadernos de Clase Principal como en los grados anteriores ya no está disponible. En la mayoría de los casos, las clases, los trabajos en grupo, los debates y las actividades diversas duran hasta el final de la clase.

El trabajo en el cuaderno durante la clase sólo debería asignarse si todos los alumnos se ponen a trabajar sin distraerse, alegando que pueden trabajar mejor en casa o terminar haciendo trabajos para otra clase. El maestro de preparatoria ya no tiene el mismo tipo de "autoridad" que el maestro titular de la clase, y debe evitarse "obligarles" a trabajar en clase. Si sólo algunos alumnos se ponen a trabajar en serio, se convierte en una pérdida de tiempo para el resto de la clase y va en contra de una enseñanza económica.

Por otra parte, cargarles con demasiadas tareas, sólo porque no pueden trabajarlo en la escuela, dará lugar a un trabajo potencialmente de mala calidad. Esto requiere sensibilidad. ¿Tienen sentido las tareas? ¿Son demasiadas? ¿Se beneficiarán del trabajo? ¿Ofrece una experiencia de aprendizaje? ¿Puede despertar entusiasmo? ¿Disfrutarán sumergiéndose en el trabajo? Yo me encuentro continuamente tratando de encontrar el equilibrio, a menudo fracasando. También significa ponerse en su lugar y en sus apretados horarios.

En promedio, un estudiante de preparatoria tiene clase hasta las tres de la tarde. Muchos estudiantes practican deportes, pero también tienen diversas actividades extraescolares como pintura, fotografía, club de teatro, etc. o clases particulares de música, ballet o danza. Además, la mayoría de los estudiantes trabajan al menos una vez a la semana. Y eso sin contar sus traslados diarios, que puede, en el caso de algunos estudiantes, tomar más de una hora, de ida. ¿Cuándo tienen tiempo para descansar, relajarse o comer? Cuando los equipos deportivos juegan fuera, la falta de tiempo se agrava aún más. He visto cómo afectaba a mis tres hijos, cuando llegaban de un partido de baloncesto a las 10 de la noche con la mochila llena de tareas. Como maestros de Clase Principal, debemos tener esto en cuenta a la hora de asignar tareas. Además, debemos recordar que los maestros de clases de especialidad también les exigen trabajo - lo que nos lleva al tema de las tareas.

---

71 Rudolf Steiner, *The Child´s Changing Consciousness: As the Basis of Pedagogical Practice* (Anthroposophic Press, 1996), 20 de abril de 1924, p. 141.

Tarea

"Cuando sus hijos vuelvan de la escuela, esperamos que disfruten cuando hablen de las cosas que les han gustado de la escuela. Esperamos que disfruten la cara de alegría de los niños cuando vuelven a casa después de la escuela."[72] ~Rudolf Steiner

LO IDEAL SERÍA que los alumnos *quisieran* continuar su trabajo escolar en casa de alguna forma, dependiendo de lo que les entusiasme. Era en parte lo que Rudolf Steiner imaginó, y así lo expresó en varias sucintas declaraciones, como: "…también debemos considerar que el trabajo realizado en casa debe hacerse con alegría. Los niños deben sentir la necesidad de hacerlo".[73] O como en una de las primeras reuniones con los maestros de Stuttgart: "Quiero dejar perfectamente claro que es posible alcanzar el ideal de trabajo durante el día escolar mediante el trabajo racional, de modo que los niños no tengan que hacer tareas que los cansen". Pero admitió que "debemos iniciar una especie de tareas modificadas. [...] [Pero] debemos tener claro que no queremos sobrecargarlos. Ellos no deben sentir que gimen bajo el peso de sus tareas. Tienen que hacerla con gusto, en cuyo caso asignarles una tarea debe tener una influencia realmente buena." [74]Hay que tenerlo en cuenta a la hora de asignar tareas, sin importar cuál sea el grado.

Hay buenos maestros a los que les gusta dejar mucha tarea y hay buenos maestros a los que prefieren no dejar ninguna, o sólo de forma voluntaria. Recuerdo a un maestro de Rudolf Steiner Schule Bochum, que no creía en las tareas y dejaba espacio para que todo el trabajo se hiciera durante la Clase Principal o en una de las clases del mediodía. Sin embargo, el maestro que impartía la clase paralela dejaba mucha tarea a partir de tercer grado. Era interesante observar que, en preparatoria los maestros no podían ver una diferencia marcada en las capacidades académicas entre estos dos grupos de clases. A ambas les fue bien en la preparatoria. La pregunta es: ¿qué necesitan los niños y cómo puedo yo, como maestro, hacer que disfruten y amen la escuela tanto como sea posible? Hay, sin embargo, algunas buenas prácticas y directrices.

En mi primer y segundo año yo no dejaba tareas formales, pero los padres me decían que sus hijos practicaban las letras del abecedario en casa, o se divertían dibujando escenas de los cuentos que habían oído. Algunos niños (sobre todo niñas) se convirtieron en maestras en casa, enseñando a sus muñecas a dibujar, tejer, escribir y de otras clases que habían escuchado en la escuela. O contaban con todo lujo de detalles lo que habían aprendido en la escuela (una forma de repaso). Por supuesto, no todos los niños lo hacían, pero la mayoría de los maestros saben que sus alumnos hacen este tipo de tareas voluntarias. Tomaban con alegría pura el trabajo. En ese sentido, estaban cumpliendo la visión ideal de Steiner sobre las tareas.

A partir de tercer grado empecé a asignar tareas oficiales, aunque intenté que fueran interesantes, lúdicas, variadas y que nunca fueran excesivas. A los niños les gustaban las tareas. El énfasis se ponía en despertar su curiosidad, en intentar descubrir qué había de único en los problemas o preguntas que yo planteaba. Como señaló Steiner: "Debemos hacer que los niños tengan curiosidad por su trabajo. Si les haces preguntas, eso les despierta la curiosidad por lo que pueden averiguar por sí mismos. Eso es algo que les entusiasmará."[75] Continué este ritmo, más o menos, a través de los grados, y las tareas se afianzaron en el ritmo semanal. Todos los lunes recibían las tareas, con asignaciones con fecha de entrega para cada día de la semana. Los contenidos, por supuesto, cambiaban en función de la Clase Principal, y las tareas de matemáticas a menudo se realizaban durante una clase más tarde y no necesariamente durante la Clase Principal. Algunas de las tareas eran voluntarias, e incluía tareas extra para los alumnos más entusiastas y capaces. Inevitablemente, el entusiasmo ocasionaba que otros estudiantes me mostraran sus intentos con orgullo.

Es imprescindible ser consecuente a la hora de asignar tareas obligatorias. Se puede ser indulgente y modificar las tareas de algunos alumnos, pero no dejarla ir. Dejar que los alumnos "se salgan con la suya" con las tareas sin hacerlas debilita la palabra y las intenciones del maestro. Claridad en torno al tema de las tareas es esencial. Esto me parece especialmente pertinente en lo que respecta a las tareas en preparatoria. Steiner subraya este punto: "Un principio básico es que sepamos que los niños hacen las tareas, y que nunca nos encontremos con que no la hacen. Nunca hay que dar a los niños tareas a menos que sepas que traerán los problemas resueltos, y que los han hecho con celo. Es necesario que el trabajo esté lleno de vida y que incite a los niños para que su actitud interior no se paralice". Pero él continúa subrayando la relación de los alumnos con las tareas. "Hay que conseguir que los niños quieran hacer lo que tienen que hacer en la escuela.[76] Es más fácil decirlo que hacerlo. Plantea preguntas: ¿pensamos lo suficiente en el tipo de tareas que asignamos? ¿Somos suficientemente creativos? ¿Apelamos a la curiosidad de los alumnos, su afán y sus inclinaciones? ¿Es demasiado? A menudo nos quedamos cortos.

Otra consideración es si la tarea es realmente esencial y si se puede hacer en el salón de clases. Al final de la sección citada anteriormente, Steiner reitera: "Nuestro objetivo debe ser cubrir el material de tal manera que no necesitemos nada fuera de la escuela."[77] Esto era más fácil de lograr en la primaria, pero no en la preparatoria. Es casi imposible arreglárselas sin dejar tareas en la preparatoria. Hay que cumplir objetivos académicos importantes. Fomenta hábitos de trabajo autónomo y les empuja a plasmar sus ideas por escrito con claridad, algo que escolariza su pensamiento. Por supuesto, para el maestro es un reto encontrar ideas creativas que despierten la curiosidad y respondan a los intereses de los alumnos. Dar opciones es una gran ayuda. Responde a las inclinaciones de los alumnos. Pedir a los estudiantes que propongan tareas pertinentes en relación con el material ha dado algunos resultados interesantes. Sin embargo, dar demasiada libertad a los alumnos puede resultar en trampas.

Yo continué sugiriendo asignaturas de tarea en los grados de primaria menor que eran puramente voluntarias, como dibujar un mapa de su casa a la escuela durante el bloque de historia local y geografía. Después - como sugería Steiner -"esperar a ver si los niños preparan el trabajo en casa."[78] Ese tipo de tareas casi siempre eran completadas por todos los alumnos.

Con las matemáticas me parecía útil que los alumnos resolvieran los problemas ellos mismos en casa. ¿Pueden resolver los problemas de matemáticas sin ayuda del maestro o de un amigo? Tampoco me importaba que sus padres o tutores les ayudaran, porque eso también les aseguraba un rato de convivencia (siempre y cuando, los padres no hicieran el trabajo por ellos, por el mero hecho de completar la tarea).

Rara vez dejaba que los alumnos se llevaran los cuadernos de la Clase Principal a casa porque, cuando lo hacía, a menudo se olvidaban al día siguiente. Sin embargo, siempre hacía excepciones con algunos alumnos en los que podía confiar o si habían faltado a demasiadas clases y tenían que ponerse al día con algún trabajo. En estos casos, siempre era en conjunción con los padres.

Como ya se ha dicho, la mayoría de las tareas en los grados de primaria menor se hacen durante la clase, ya sea durante la Clase Principal o en una de las clases del mediodía. Apoyan y mejoran el plan de estudios, de acuerdo con las directrices académicas de cada grado en particular. Desarrollan toda una gama de habilidades, ya sean artísticas o académicas. Pregúntate a ti mismo: ¿qué les entusiasmará? ¿Qué les ayudará a entender y a profundizar en la materia? ¿Están preparados para la tarea, les supera o es demasiado sencilla? ¿Son claras tus instrucciones? Esto es especialmente importante para tareas académicas en la primaria mayor, secundaria y preparatoria, como los proyectos de investigación. Necesitan instrucciones claras sobre cómo proceder. Todas las tareas requieren una preparación consciente. Nada se da por supuesto, porque en muchos casos es la primera vez que se les presenta algo, e inevitablemente hay que repetir las instrucciones. Esto es cierto también en la preparatoria (o incluso en la universidad), cuando uno tiene que repetir una vez más el resumen de un proyecto de investigación. En otras palabras: el maestro debe esforzarse por ser meridianamente claro sobre qué y por qué se asigna el trabajo.

72 Rudolf Steiner, *The Spirit of the Waldorf School: Lectures Surrounding the Founding of the First Waldorf School* (Anthroposophic Press, 1995), 31 de agosto de 1919, p. 66.
73 Rudolf Steiner, *Faculty Meetings with Rudolf Steiner: Volumen 2* (Anthroposophic Press, 1998), 12.9.1922, p. 474.
74 Rudolf Steiner, *Faculty Meetings with Rudolf Steiner: Volumen 1* (Anthroposophic Press, 1998), 6.21.1922, p. 364.
75 Ibid. p. 335.
76 Ibid, p. 285.
77 Ibid, p. 285.
78 Ibid, p. 285

Amenazas para la clase principal

YA EN LA ÉPOCA DE STEINER los maestros preguntaban si los niños podían empezar el día con gimnasia o euritmia. Steiner se opuso a estas propuestas, señalando que "los niños llegarían cansados a la clase principal. Estarían tan cansados como si tuvieran un periodo de clases normal antes de la clase principal."[80]

Reitero este punto, porque las propuestas de tener clases de movimiento antes de la Clase Principal siguen siendo tema de qué hablar e incluso en algunas escuelas también se ha implementado. Hay, por supuesto, circunstancias atenuantes en las que es inevitable por diversas razones. Sin embargo, si se convierte en la norma, implica que la esencia de la Clase Principal ya no se comprende en toda su amplitud y profundidad. La clase de la mañana es donde "el niño necesita ejercer fuerzas de la *cabeza*" [81] para lo cual debe estar lo más receptivo posible y cualquier cosa que lo canse por completo antes de eso, como una clase de educación física, impedirá un aprendizaje óptimo. Además, la magia de la noche resuena en esta clase fundamental del día. Como dice el refrán alemán: *Morgenstund hat Gold im Mund*— en otras palabras: Hay poder de oro en la hora de la mañana. Una frescura invisible se cierne en torno a la mañana que es frágil y delicada. Puede ser fácilmente perturbada y ahuyentada. Pero con la poesía y el canto, durante la breve parte rítmica se anima y se invita a entrar.

No obstante, en la preparatoria, a menudo hay alumnos somnolientos que se arrastran hasta sus mesas y uno tiene que hacer algo de conducción consciente para que se quiten esas telarañas. Y no es ningún secreto que muchos de ellos han estado despiertos hasta la media noche viendo películas, jugando videojuegos o pasando tiempo con sus dispositivos de una forma u otra. A menudo se sugiere empezar la escuela mucho más tarde, lo que no resuelve la preocupación más acuciante: lidiar con las redes sociales.

Muchos de los estudiantes están sobrecargados de actividades extraescolares y tienen poco tiempo libre. O no comen antes de venir a la escuela, lo que les deja con un nivel bajo de azúcar en la sangre, que puede causar falta de atención e irritabilidad, y en general disminuye su potencial de aprendizaje. El éxito académico depende en parte de un desayuno saludable. Estos puntos están fuera del control inmediato del maestro, aunque se pueden abordar enérgicamente en las reuniones privadas por las tardes con los padres. Cuando los alumnos se duermen literalmente en clase lo mejor es observar, luego abordarlo, ya sea de una manera humorística o después de clase en un momento tranquilo. Escuchar por parte de ellos lo que está pasando suele poner las cosas en contexto y uno tiene algo con lo que trabajar. Cuando se dan cuenta de que no se les trata con dureza, se sienten vistos y a menudo intentan estar más presentes, o aceptarán la oferta de que pueden poner la cabeza sobre la mesa (o incluso recostarse, en algunos casos). Sin embargo, la mayoría de las veces empiezan a despertarse en los primeros diez minutos de canto, poesía u otro ejercicio, a menos que exista una enfermedad preexistente a lo que uno da permisos especiales. Y, para subrayar, a menudo no hace falta mucho.

Cuando toda una clase de preparatoria se siente agobiada, he notado que una "meditación" guiada les ayuda a llegar y despertarse, por contraintuitivo que parezca. Por supuesto debe ajustarse al contenido temático del bloque actual. Por ejemplo, durante el bloque de Percival en 11º grado, les he guiado a través de la meditación del "cuenco de arroz", como yo la llamo. Similar a los monjes tibetanos, que utilizan el cuenco de arroz como objeto de meditación, empiezo pidiendo a los alumnos que imaginen su propio cuenco de arroz lo más vívidamente posible: su peso, tamaño, forma, cómo se siente en los dedos, la edad, de qué está hecho, etc. A partir de ahí, los guío por una secuencia metamórfica en la que el humilde cuenco de arroz poco a poco se transforma en un grial radiante, y luego lentamente de regreso al humilde cuenco de arroz que tienen en la palma de la mano. Es una forma de narración que aborda la esencia siempre despierta que todos compartimos como humanos.

El contenido, si se presenta con imaginación, tiene efectos rejuvenecedores. Muchos alumnos no pueden evitar involucrarse. Aunque sus cuerpos permanecen perezosos, se despierta la voluntad de sus mentes. Esta *voluntad* desencadenada les calienta y les despierta. A medida que les atraigo a través del contenido, salen de su fatiga personal. Ellos responden a los ideales. Las imágenes, la imaginación, los sentimientos, todo ayuda a despertar la voluntad. Algo en lo profundo de su alma reconoce y responde al contenido y supera su predicamento temporal. He observado que los alumnos más decaídos se despiertan cuando escuchan contenido con el que pueden identificarse. Esta clase animada, artística y potenciada es una clase suave pero más eficaz, que se dirige en la medida de lo posible a todo el ser humano. Este es el "rigor académico" verdadero y lleno de vida que hay que perseguir, que vence el letargo y la apatía que tan fácilmente penetran en todas las ramas de la educación en nuestra era materialista e intelectual. En algunos casos, cuando los padres (o los propios alumnos) afirman que no se les satisface académicamente, lo que realmente quieren decir es que faltan verdaderos contenidos – que los aprendices no fueron tocados en lo más profundo de su ser. Si uno incluye toda la medida de una clase completa que abarca contenidos significativos con perspectivas más amplias, entonces los aspectos académicos e intelectuales encajan. Requiere un *reconocimiento profundo* por parte del maestro.

En muchos sentidos, seguimos inmersos en hábitos, costumbres y tradiciones que se remontan a cientos de años atrás y son el resultado final de un intelectualismo que tiene sus raíces en el catecismo, que evolucionó hacia una visión cada vez más mecanizada del mundo, apoyada en la mentalidad materialistacientífica, que desplazó el núcleo eterno del ser humano con el intelecto - un sustituto necesario pero unilateral. El sistema educativo "clásico" de Europa ha perdido los elementos mitológicos y se ha convertido en un molde vacío, que a largo plazo puede nunca satisfacer las necesidades más profundas del ser humano en evolución, sin importar lo inteligente y lo duro que intente aferrarse a su poder. El resultado es un sistema educativo materialista que obliga a los niños a aprender de memoria en lugar de por amor.

A menudo, los que critican la pedagogía Waldorf por ser demasiado eurocéntrica, son en realidad los que se aferran más ferozmente a la corriente mecanicista de la herencia europea, firmemente basada en convenciones y tradiciones de aprendizaje intelectual como exámenes, pruebas y sistemas de puntos, donde los estudiantes se enfrentan entre sí, y la escrupulosa ambición desvergonzada está a la orden del día. Los críticos dirán: ¿realmente necesitamos estudiar los clásicos europeos, las obras de Homero, Dante, Shakespeare, la mitología nórdica, los cuentos de hadas, etc.? ¿No deberíamos hacer que los estudiantes aprendan sobre escritores marginados y actuales? En efecto, deberíamos, debemos y lo hacemos. También es esencial estudiar literatura moderna que examine temas contemporáneos. Nosotros deberíamos incluir a más mujeres escritoras y personas de color. Pero no con exclusión de la gran mitología superviviente del mundo, que no sólo habla del núcleo más profundo y sublime de la condición humana, sino que contiene en su interior la sabiduría que precede a Europa, a través de Grecia, África, Persia, todo el camino hasta Asia. Además, oyendo y aprendiendo sobre ellos, oímos sobre la creación del mundo a través de la conciencia de todos los diferentes pueblos del mundo, no importa dónde - porque la historia de la creación es una y la misma en toda la Tierra, sólo que se cuenta con fascinantes variaciones.

La Clase Principal es un concepto que, curiosamente, está ganando terreno en muchas otras escuelas, donde se reconoce trabajar por bloques y dedicar más tiempo a una asignatura. No obstante, lo irónico es que en las escuelas Waldorf observamos una tendencia cada vez mayor a tener todo fragmentado, a dividir el día en secciones más cortas, incluida la Clase Principal. Si la Clase Principal empieza a perder su lugar característico en el día, entonces la pedagogía Waldorf perderá sus fuerzas vitales y no podrá manifestar la gran renovación de la educación que Rudolf Steiner imaginó para nuestros tiempos modernos y llegando muy lejos en el fututo. El "verdadero niño de cuidado" habrá sucumbido, algo contra lo que Steiner advirtió desde el principio en 1919.

Otra amenaza es la creciente tendencia a la *especialización*, incluso en la primaria. Es parte integrante de la tendencia a limitar el papel del maestro titular y a tener cada vez más especialistas en la escuela durante la Clase Principal. O de obligar a los maestros a adherirse a determinados métodos de enseñanza que no están impregnados del enfoque Waldorf, aunque compartan algunos aspectos paralelos. Ya no se confía del todo en la manera Waldorf. Los partidarios de "mantenerse al día" reconocerán que Waldorf es "bonito" y "artístico", pero argumentarán que los niños necesitan algo más riguroso y realista, con los pies en la tierra. Y así, introducimos el método Orton-Gillingham o el enfoque Singapur de las matemáticas. No hay nada malo en ello. Al contrario, ambos enfoques son útiles y excelentes en muchos aspectos, y hay ciertas cosas que se entrelazan, pero he visto y observado cómo se utilizan a expensas de la profundización y la comprensión del enfoque Waldorf. Además, las sugerencias de Steiner y la investigación resultante que muchos maestros Waldorf han explorado y aplicado - y que aún necesita ser continuada - es posteriormente ignorada, olvidadas o descartadas. Cuando Steiner dice "que a menudo olvidamos que tenemos una manera de hacer las cosas y un plan de estudios diferente que, en otras escuelas,"[82] él lamentaba el hecho de que sus pautas innovadoras no se siguieran y que los maestros volvieran a caer en viejos modos de enseñanza, basados en su propia educación. En la misma reunión de maestros el 9 de diciembre de 1922 continúa diciendo: "La pregunta que debemos plantearnos es si inconscientemente no estamos utilizando la manera Waldorf, donde no hemos obtenido resultados."[83] Aunque reconocía que algunos de los resultados eran "desiguales" quería que los maestros siguieran explorando las nuevas pautas: "Los resultados se obtienen cuando se utilizan los métodos. [...] En aritmética tengo la sensación de que el método de la Escuela Waldorf no se utiliza a menudo.[84] Lo preocupante es que, cada vez más, renunciamos a las maneras

Waldorf, olvidamos lo que representan y la razón por la que se propusieron en primer lugar. Y lo que es más importante, frustra la nueva investigación basada en las indicaciones de Steiner, que estarían a la altura de los tiempos tan cambiantes. Dicho esto, me ha complacido ver cómo algunos maestros se han entusiasmado aún más por enseñar de una manera antroposófica después de asistir a una sesión de formación sobre el "nuevo enfoque". Otros combinan los distintos métodos de forma creativa.

Es conveniente revisar el plan de estudios periódicamente. Sin embargo, en ocasiones se ve como una forma de deshacerse de asignaturas que se perciben como si ya no fueran relevantes como *Percival* o *Fausto* de Goethe, los románticos o Shakespeare - literatura escrita por *hombres blancos europeos muertos*. Pero en lugar de deshacerse de estos bloques en la preparatoria, más bien habría que reexaminar por qué se introdujeron en primer lugar, cuál es su importancia en la evolución del mundo y qué lugar ocupan en la "era de la conciencia". *Cómo* se enseña y *por qué* se enseña ese contenido específico - eso es lo que debería revisarse. Basándonos en los resultados, podemos ajustar el estilo de enseñanza para hacerlo relevante. Lo que enseñemos *debe seguir siendo relevante y accesible*. Aunque hay cosas a las que podemos renunciar, es evidente que necesitamos presentar el contenido de diferente manera hoy en día. Con esto en mente, yo comencé mi último bloque de *Fausto* de Goethe con las palabras: "Ustedes se podrán preguntar por qué estamos estudiando un trabajo literario escrito por un hombre rico, blanco y fallecido hace mucho tiempo de Europa." Una estudiante de color recalcó de inmediato, "Sí, buena pregunta, ¿por qué?" Y yo mismo di una respuesta breve de justificación, y prometí mantener los "temas universales" lo más pertinentes posible a lo largo del bloque, y les supliqué que me hicieran notar si el contenido se volvía demasiado "bochornoso" e irrelevante de alguna manera.

Goethe dedicó la mayoría de su vida escribiendo *Fausto*, que trata la cuestión del mal y el conocimiento. A pesar de que uno puede decir que el mal ha estado en la humanidad desde el inicio (solo necesitamos hacer referencia a la mitología de alrededor del mundo, incluyendo a Adán y Eva), los efectos están en todos lados. En tiempos pasados la gente podía todavía escapar de ello como los esenios (secta judaica que existió entre el siglo II a.C. y finales del siglo I d.C.) o los ermitaños y pueblos santos alrededor del mundo, pero hoy en día los efectos perjudiciales causados por la humanidad son irrevocablemente sentidos en todas partes de la Tierra en forma de contaminación, radiación, y desequilibrios naturales causados por la explotación de recursos humanos, por nombrar algunos ejemplos. Ya no hay manera de escaparse de los "demonios". *Fausto* de Goethe, a pesar de desarrollarse en la edad media, abarca casi todas las manifestaciones de "demonios". El "luchar contra el demonio" está en todo nuestro alrededor. Como seres humanos modernos no podemos evitar ser cómplices de alguna u otra manera. La pregunta Faustiana es aludida en miles de películas, programas de televisión, obras de teatro, novelas, artículos de periódico, directa e indirectamente. El "caliente" y "frío" demonio encarnado por Mephisto, vive en nosotros al igual que lo hace en el mundo. Estudiar *Fausto* trae esto a la consciencia. Ofrece pistas del *Enigma del Mal*, lo que nosotros como humanidad necesitamos resolver paso a paso de manera consciente. Simplemente la manera en la que *Fausto* trata a Gretchen es un ejemplo de acoso sexual, lo que comienza a ser expuesto a través del movimiento "#metoo (#yotambién)". Ninguna otra obra de arte literaria aborda el tema de demonio (y mal) de manera tan comprensiva como *Fausto* de Goethe. Lo mismo ocurre con otras grandes obras, incluyendo a los trascendentalistas, Homero o el Percival de Eschenbach.

Al final del bloque de *Fausto*, recibí un correo electrónico de la madre de la alumna que había dicho: "Sí, buena pregunta, ¿por qué?» al principio del bloque. El correo decía: «Ha sido un honor y un privilegio para A___ haber estado bajo tu tutela. ¡Cada día que pasaba contigo, volvía a casa entusiasmada y comprometida!". Y tres años antes los estudiantes del doceavo grado insistieron en que representáramos *Fausto* para su obra de teatro final (también insistieron en que Mephisto fuera mujer). Ellos reconocieron su importancia en nuestro tiempo. Y ese era un grupo de clase compuesto por una decena de nacionalidades diferentes, con diversos orígenes raciales y religiosos, y varias identidades de género.

Con el tremendo crecimiento de las escuelas Waldorf, los ataques han aumentado en consecuencia. Esto es natural. Pero lo más desconcertante, sin embargo, son las críticas desde dentro del movimiento. Vemos una tendencia creciente de las escuelas Waldorf y/o maestros que tratan de adaptarse a las normas dominantes, las mismas normas que tantos maestros del sistema escolar público (y sector de escuelas privadas) denuncian y se rebelan contra ellas. Esto puede llevar a una superficialidad y enseñanza tradicional de la pedagogía Waldorf. Y como hay una gran escasez de maestros Waldorf, cada vez son más los que son contratados sin tener ningún tipo de formación (sobre todo en la preparatoria, pero no exclusivamente), o que simpatizan con algunos aspectos de la pedagogía, pero no con los más profundos. Entre ellos hay maestros excelentes por derecho propio, pero carecen de la conexión con las indicaciones de Steiner y tienen poco interés en llegar a una comprensión más completa de por qué hacemos lo que hacemos. Esto puede causar conflictos cuando estos maestros ocupan puestos de liderazgo. Lamentablemente, los maestros que trabajan fuera de la antroposofía corren el riesgo de ser marginados. Del mismo modo, algunos maestros Waldorf pueden ser demasiado dogmáticos e inflexibles, incapaces de mantenerse al ritmo con la rápida evolución del mundo. Y las escuelas que se nombran "Escuelas Steiner" cambian de nombre, y si el logotipo parece demasiado "antroposófico", se contrata a diseñadores gráficos convencionales sin conexión con los fundamentos espirituales, quienes inventan representaciones donde se pierden la verdadera esencia artística de la educación. Uno se podría preguntar: ¿Por qué?

Pero una de las mayores amenazas a la Clase Principal y al movimiento Waldorf como tal, es la creciente dependencia de los *medios* de comunicación, el aprendizaje a distancia, y la educación en línea. El confinamiento debido a COVID 19 ha dejado esto muy claro en todos los sectores de la educación, ya que como consecuencia todos hemos tenido que dar clases en línea y asistir a reuniones a través de la plataforma de Zoom. Educadores de todo el mundo han señalado los efectos negativos evidentes de los cursos en línea. Es cierto que hay, como en todas las cosas, algunos aspectos beneficiosos del aprendizaje en línea, pero los negativos superan con creces a los positivos, especialmente en la pedagogía Waldorf, que se basa en el aprendizaje cara a cara. Dicho esto, este tema candente va más allá del alcance de este capítulo y necesita un artículo o libro aparte en el que se aborden adecuadamente los detalles de esta cuestión apremiante.

No sólo tenemos que estar al día, sino, lo que es más importante, *adelantarnos* a los tiempos. Es esencial intuir lo que viene hacia nosotros. Además, nos corresponde a nosotros seguir siendo pioneros en el ámbito de la educación. Si eliminamos a Rudolf Steiner del movimiento Waldorf, u ocultamos los fundamentos espirituales, en esencia, estamos arrancando la flor y dejando que se marchite. En lugar de eso, deberíamos cuidar la tierra y dejar que la planta crezca y florezca. Al igual que la planta, la pedagogía Waldorf debe estar íntima y firmemente conectada a sus raíces si se quiere que algún rejuvenecimiento y renovación tomen lugar.

---

79 Rudolf Steiner, *Rudolf Steiner Konferenzen mit den Lehrer der Freien Waldorf-schule in Stuttgart: Erste Band.* Traducción de Eric G. Müller Dornach: Rudolf Steiner Verlag, GA 300/1, 1975), 15.11. 1920, p. 238.
80 Steiner, *Faculty Meetings with Rudolf Steiner: Volume 2*, p. 472.
81 Rudolf Steiner, *Discussion with Teachers*, p. 19.
82 Rudolf Steiner, *Faculty Meetings with Rudolf Steiner: Volume 2*, p. 474.
83 Ibid.
84 Ibid.

Preparación para la clase principal

"En la vida no son los conocimientos ya adquiridos los que tienen valor, sino el trabajo que conduce a ese conocimiento, y particularmente en el arte de la educación, este trabajo tiene un valor especial."[85]
~ Rudolf Steiner

EN LA PRIMERA LECTURA DE *Equilibrio en la Enseñanza*, Rudolf Steiner dice: "Al final del año escolar uno dice, sí, sólo ahora puedo hacer lo que debería haber hecho. Este es un sentimiento real. Y en él se esconde un cierto secreto. Si al comienzo del año escolar hubieras sido capaz de hacer todo lo que podías hacer al final, habrías enseñado mal. Se tienen buenas clases porque tuviste que elaborarlas sobre la marcha."[86]

Como maestro titular de grupo, no cabe duda de que experimenté ese sentimiento de insuficiencia no solo al final de cada ciclo escolar, sino al final de cada bloque de Clase Principal. La mayoría de los maestros Waldorf tienen la misma experiencia. Uno desearía poder empezar de nuevo otra vez - esta vez con menos errores y momentos incómodos, mientras el contenido aún está fresco. Sólo al final de un bloque uno entiende realmente lo que debería haber hecho. Como maestros, siempre nos estamos examinando a nosotros mismos, cuestionándonos qué ha funcionado, qué no, en qué se han sentido cortas las clases, las áreas que necesitan mejorar y lo que se debería haber omitido o añadido. Por fin se ha llegado al ritmo y la fluidez del bloque. El entusiasmo y la emoción siguen resonando. La noción de que es normal - incluso positiva - tener esta sensación de insuficiencia es de poco consuelo. El saber que uno podría y debería haberlo hecho mejor es real y deja un sabor amargo. Sin embargo, al menos se puede decir con certeza: he aprendido más durante este bloque. Es cierto que los alumnos fueron expuestos a mi lucha y esfuerzo continuos, pero el siguiente bloque ya me espera, y me encuentro de nuevo temblando ante mi pensar y dudando de mis capacidades. Y así, en un intento de aliviar nuestros temores, nos preparamos, ponemos nuestro esfuerzo. Y aunque no disipará las dudas sobre uno mismo (por mucho que nos preparemos), proporciona una base saludable. Tu les estás dando algo a los alumnos. Prepararse para cualquier clase es fundamental para la vocación de un maestro. Y uno debe de distinguir entre dos tipos de preparación, aunque se funden y forman un todo. En primer lugar, preparamos la materia propiamente dicha, tal como figura en el plan de estudios. La segunda es de naturaleza más periférica, ya que abarca los aspectos más universales, informándonos, por ejemplo, *cómo* puede encajar en el desarrollo general del niño, o cómo se relaciona la materia con el ser humano. Además, nuestro plan de estudios también incluye elementos dictados por las convenciones culturales, aunque puedan no ser beneficiosos para los niños de cierta edad, como por ejemplo la abundancia de abstracciones que se espera que enseñemos a los más pequeños, y algunas hipótesis teóricas a los alumnos mayores, que es importante conocer porque forman parte de nuestra cultura moderna. Nuestra época, por ejemplo, sigue insistiendo en llamar bomba al corazón, y lo enseña como si lo fuera, sin embargo, basta con seguir los datos científicos basados en fenómenos para comprender que el corazón no es una bomba, aunque parezca tener cualidades de bomba.[87] Hay que encontrar entonces la manera de introducir el material de modo que, a pesar de todo, esté impregnado de la observación imparcial y la imaginación viva, al igual que hacemos cuando enseñamos las letras abstractas en primero de primaria de forma artística, a través de cuentos y dibujos. Del mismo modo abordamos las diversas teorías científicas, como la teoría del color de Newton versus a la de Goethe, o la teoría del Big Bang. A veces nos acostumbramos tanto a estas convenciones que no las cuestionamos ni las reevaluamos en bien de la pedagogía.

Steiner indicaba que cada hora de enseñanza requiere tres horas de preparación. La preparación adopta muchas formas y el tipo de preparación necesaria depende del maestro, la relación con el material, el grupo de clase y cada niño. Encontrar la re-lación adecuada con el material alimenta la idea de presentar algo nuevo a los niños - amor por el contenido y amor por los estudiantes hace que la preparación sea satisfactoria. No siempre es fácil y uno tiene que superarse a sí mismo. Otras veces es como montar una ola. Las circunstancias externas e internas influyen.

En cualquier caso, ¡hay que esforzarse mucho!

Es habitual sentirse poco preparado – esos días en los que, literalmente, no hemos tenido tiempo de prepararnos, como después de una reunión nocturna de los maestros o de la universidad. En este caso, un enfoque rápido, nítido y condensado de cinco minutos sobre los contenidos de la clase puede ayudar. Curiosamente, esas clases suelen resultar ser mejor de lo esperado. Los maestros reciben mucha gracia, pero no se puede confiar en la gracia. El tiempo es algo flexible; desafía al propio tiempo. Aunque nos hayamos preparado durante horas, no garantiza una clase próspera. Obviamente, los alumnos tienen que aprender algo, pero mucho depende de cómo enseñamos y de si nuestra enseñanza es lo suficientemente viva para animar a los niños, lo que nos lleva a preguntarnos: ¿A nosotros nos anima el contenido? ¿Sentimos la alegría, la pasión?

Todos hemos tenido días en los que hemos Entorpecido una Clase Principal, nos hemos sentido culpables y hemos reconocido que no llegaba para nada a ser perfecta, sólo para volver a casa e inundarnos de buenas ideas inesperadas sobre cómo proceder. De vez en cuando necesitamos clases "vagas" para ponernos en marcha de nuevo, encontrar un nuevo ritmo y para retomar preparativos anteriores que se habían quedado en el olvido.

Hay que distinguir entre los preparativos diarios durante el bloque, y la planificación general antes del bloque. Hay que dejar tiempo suficiente para preparativos, lo que permite que todo tipo de experiencias se conviertan de repente en relevantes para el tema en cuestión. Ambas cosas son esenciales. Si se confía únicamente en la preparación más inmediata, hecha uno o dos días antes, no habrá tenido suficiente tiempo de gestación, o puede que no encaje en el contexto de todo el bloque. Las buenas ideas necesitan tiempo para crecer, y si se les concede, el contexto más amplio no se perderá. Por el contrario, si uno se prepara diligentemente y casi no hace nada durante el bloque, es probable que se olviden muchos aspectos y se corra el riesgo de no ofrecer lo suficiente con una vitalidad fresca. Combinada, la regla de tres horas de preparación para una hora de enseñanza es completamente cierta. En total, suelen ser más de tres horas. Las siguientes sugerencias y pautas me han resultado útiles para mí:

Es una buena práctica determinar qué se necesita y lo

que se tendrá que enseñar durante el siguiente ciclo escolar, metódicamente. Y cada grado y asignatura tienen diferentes requisitos y parámetros. Asegúrese de tener una visión completa del año. Una vez aclarado esto, se puede construir un horario equilibrado. Algunos bloques se prestan más a una estación concreta, como el bloque de Botánica de 5º grado, que se imparte mejor en primavera u otoño, o en ambos. Una vez que el calendario del año está más o menos claro (siempre hay imprevistos o circunstancias que justifican cambios en el calendario anual), uno puede empezar con la lectura preliminar, que para mí fue la parte más agradable, porque ya podía imaginarme enseñando el contenido al grupo mientras absortaba en el material, y eso avivaba mi entusiasmo. Cada asignatura y cada grado tiene algo por lo que entusiasmarse.

En primer grado me sumergí en los cuentos de hadas y leí todos los que pude, sin elegir ninguno en concreto, aunque hice una lista de los cuentos preferidos. ¡Qué delicia! No sólo los cuentos de hadas como tales, sino encontrar el significado anímico-espiritual dentro de los cuentos. Esto es especialmente importante porque en nuestra era global necesitamos ir más allá y elegir cuentos populares de todo el mundo, sin descartar, por supuesto, los cuentos de hadas de los Grimm y su profundo uso de los arquetipos, especialmente para nuestra Era del Alma Consciente, a medida que avanzamos hacia un futuro cada vez más desafiante. En este sentido, el maestro debe adquirir una conexión profunda con el contenido de la historia. Tiene que experimentar profundamente dentro de sí mismo lo que viven en estas historias como virtudes morales y su innato poder transformador. La narración de estos cuentos, mitos o leyendas estará profundamente impregnada de sus grandes dones, su poder medicinal. Esto debe ser especialmente subrayado, debido a que actualmente se tiene una mala interpretación de tantos cuentos de hadas y mitos, debido al enfoque de sobre intelectualizar. Una vez que hemos descubierto su poder implícito, encontraremos palabras que estén llenas de calidez que les permitan a los niños sentir el impacto completo de un "bosque oscuro y profundo", las "siete montañas y siete valles" que se tuvieron que cruzar primero, y todos los otros arquetipos e imponderables de estas historias tan ricas.

Esto es verdad para cada materia: lo *que* enseñamos depende de cómo y por qué lo enseñamos (mi mantra en curso). Y muchas veces requiere que nosotros dejemos ir nuestros prejuicios personales o aquellos que están *de moda*, y objetivamente adentrarnos en las imágenes vivientes para intimar con su valor intrínseco.

En segundo grado yo me pasé un verano sumergido en la vida de personas de pueblos santos y de santos de todo el mundo, además de fábulas e historias de animales. En los grados mayores la lectura se vuelve más demandante, especialmente respecto a historia y ciencias. Familiarizarse con el plan de estudios ayuda en la planeación óptima para los bloques que se tienen a lo largo del ciclo escolar.

Mientras más me preparaba para el ciclo escolar que se venía, más entusiasmado estaba. No podía esperar a impartir el conocimiento, aunque de manera seguida en la realidad era más complicado poder transmitir el material de manera exitosa. El descanso de verano tan largo que tenemos en Estados Unidos permite tener un periodo bastante largo de gestación. Muchos maestros incluso planean sus vacaciones respectivamente. Un maestro de nuestra escuela planeó un viaje a Italia antes de sexto grado, lo que le ayudó a entrar en el ambiente de los antiguos Romanos. Otra maestra embarcó un viaje de campo traviesa antes de quinto grado alistándose a sí misma para el bloque de geografía de Estados Unidos. De igual manera se convirtió en una norma para mí imaginar a todos mis estudiantes acompañarme durante mis diversos viajes; y yo iba resaltando esto y lo otro, dándoles clases imaginariamente. Estas clases mentales fueron encarnadas más adelante en la Clase Principal durante el año. Una vez que te conviertes en maestro titular, los estudiantes siempre están contigo de una manera u otra. Esto también es cierto para maestros de preparatoria, aunque no exclusivamente. Yo de manera consciente viajé a Troya debido a mis bloques de Homero, y visité Epidauro y otros anfiteatros para mi clase de Tragedia y Comedia. Otros viajes relacionados con el plan de estudios incluyeron una visita a la rocosa y empinada acantilada de Caltabellotta, en Sicilia, para tener la sensación del supuesto paisaje de Klingsor, el malvado gobernante que encarceló a las 400 damas en el Castillo de las Maravillas encontrado en Percival de Eschenbach; la *Haus* de Goethe en Frankfurt; y numerosos lugares que se relacionaban con mi clase de Historia a través de la Música. De hecho, todos y cada uno de los lugares se convierten en relevantes para la enseñanza. Añade significado e intencionalidad a las vacaciones de verano. Incluso funciona a la inversa. Muchos años después de enseñar los Viajes del Descubrimiento mi esposa y yo viajamos a Portugal e hicimos una peregrinación al promontorio del cabo Sagres, donde Enrique el Navegante vivió, fundó y desarrolló una escuela de navegación, y donde capitanes y marinos se preparaban para lo que podían encontrar en sus viajes a lo desconocido. Yo me encontré hablando interiormente con mi antigua clase en Eugene, igual como lo había hecho muchos años antes como su maestro.

Una de mis preparaciones más agradables fue antes de mi clase de astronomía. Sólo conocía los rudimentos de las estrellas fijas, el zodíaco y los planetas, aunque siempre tuve una sana y reverente admiración por el cielo nocturno. Esta era mi oportunidad. Tardé un tiempo en familiarizarme de verdad con las constelaciones y observar los movimientos del firmamento estrellado, y agradecí haber tenido el verano para prepararme.

Aun así, algunos bloques necesitan tiempo extra de preparación durante el ciclo escolar, sobre todo si exigen una gran cantidad de equipo y preparación. Yo los colocaba conscientemente después de vacaciones cortas, como las de primavera, o un fin de semana largo. Y procuraba intercalar estos bloques de más trabajo intensivo entre bloques que resultaban más fáciles para mí.

Lo que más me ayudó y más tranquilidad me dio fue pedir consejo a otros maestros que habían enseñado antes los bloques respectivos. Buscaba por lo menos a dos maestros experimentados para poder pedirles consejos: cómo habían elaborado sus clases, qué les parecía importante, su comprensión del material y qué actividades habían encontrado como interesantes y exitosas. Invariablemente, volvía de estas "sesiones de asesoramiento" con los brazos llenos de libros. No puedo dejar de subrayar el valor que esas reuniones tuvieron para mí. No sólo me daban confianza para entrar a la Clase Principal, sino que también despertó mi entusiasmo. No seguí necesariamente su ejemplo, pero siempre obtuve algo significativo e importante de ellos.

Podemos aprender de todos.

En este sentido, también me gustaría mencionar las conferencias de maestros. Cada vez que asistía a una conferencia regional o nacional, me esforzaba por reunirme con otros maestros que enseñaban el mismo grado, preguntándoles qué, cuándo y cómo enseñaban los distintos bloques. En algunas conferencias, estas reuniones se agendaban conscientemente con antelación.

Hasta el día de hoy, hay algo emoliente en despejar los montones de libros, papeles o material después de un bloque de Clase Principal, y prepararse para un nuevo tema, con otro conjunto de libros y papeles. Como maestro titular, solía cambiar ligeramente mi salón, lo que resaltaba el nuevo material de una forma u otra, añadiendo o quitando cuadros de la pared, o cambiando la mesa de naturaleza, haciendo un dibujo introductorio en el pizarrón o alterando el arreglo de las mesas y sillas.

A pesar de todo, a menudo tenía la sensación de ir un día o dos adelantado en cuanto a la preparación de mis clases. Sin importar cuánto leyera o si ya había impartido la asignatura antes (como en mis actuales bloques de preparatoria) todavía me encuentro apresurado y no suficientemente preparado. Por otra parte, cuando estoy en el salón de clase, tengo mucho que decir y hacer con los alumnos que inevitablemente se me acaba el tiempo.

Sin embargo, cada día es diferente y nunca se sabe con certeza cómo irá la clase. Una forma de contrarrestar imprevistos que suelen surgir cuando menos te lo esperas (simulacros de incendio, visitas sorpresa, retrasos meteorológicos, inspección, absentismo, acontecimientos sociopolíticos, tragedias, etc.) es disponer de diferentes opciones. Siempre es prudente tener provisiones extra en la mochila. Podrías llegar a clase y mientras estás delante de los alumnos te das cuenta de que necesitas cambiar de rumbo y dar otra clase. Llegar a clase con una intención y optar por otra no es infrecuente. Y no es necesariamente el tema lo que se cambia, sino el enfoque - es decir, *cómo* se había planeado impartir la clase. A la inversa, me he arrepentido de seguir con un plan de clase, sabiendo que me habría ido mejor eligiendo algo diferente. Como siempre, se trata de ser flexible, estar abierto a los cambios y practicar la espontaneidad. En otras palabras: elegir el camino intermedio entre la forma y la libertad.

Cuando Steiner nos pide que "leamos a los niños" está pidiéndonos que recojamos directamente de los alumnos lo que necesitan. La "lectura" de sus necesidades nos influirá en cómo nos preparamos, cómo enseñamos y, en algunos casos, qué enseñamos - especialmente en nuestros tiempos más globales en los que necesitamos escolarizar y practicar nuestra sensibilidad ante los matices de raza, género, religión, política, etc. Nuestra preparación se ve afectada por quién tenemos en nuestras clases. Cuando, durante unos años, tuvimos alumnos de Afganistán o Palestina, me esforzaba conscientemente en mis preparativos por conocer mejor esas culturas, que posteriormente incluí en el contenido temático.

El tiempo desempeña un papel importante y de una preparación a través de la consciencia puede controlar mejor el desarrollo de las Clases Principales y cómo prosiguen. La mayoría de los maestros sufren la dolorosa experiencia de no abarcar todo lo que querían. Al principio de un bloque, uno está bajo la ilusión de que tiene tiempo de sobra, sólo para darse cuenta de que el bloque ya está llegando a su fin y todavía queda mucho por cubrir. Esto también puede resultar en que el maestro alargue el curso, con la consecuencia de que el siguiente bloque quede truncado, o - si ha ocurrido en varias ocasiones - un bloque podría que no se imparta en absoluto, algo que ocurre más a menudo de lo que cabría suponer. El enfoque del arco completo del bloque debe equilibrarse y sazonarlo con una cantidad adecuada de detalles, como qué dibujos incluir, elección de poemas, tareas escritas, anécdotas, historias tangenciales, excursiones, proyectos, gramática y vocabulario nuevo. Cada bloque se presta a la introducción de nuevas palabras. Por sí sola, la elección de estas palabras puede ser un proceso artístico, basado en patrones, ortografía única, etimología interesante, como la palabra "jeroglíficos", que significa "talla sagrada" (del griego: hieros que significa "sagrado" y "glyphein" que significa "tallar"). El vocabulario tiene entonces un contexto del que aprenden la palabra y la ortografía. Lo mismo sigue siendo verdad para con la gramática correcta que uno va tejiendo a manera de introducción de las clases. Si se ha enseñado la diferencia entre la voz activa y la pasiva en 6º grado, se puede hacer un uso consciente de las oraciones activas o pasivas al enseñar historia, geografía o geología.

El uso consciente de los detalles es especialmente pertinente en las clases de ciencias. Hay que saber qué material es necesario para cada experimento y tenerlo preparado. Esto requiere ser comprobado dos y tres veces. Puede ser que todo esté en su sitio listo, excepto un producto químico importante que olvidaste en la barra de la cocina. Tengo que admitir que incluso ahora, con una planificación cuidadosa y teniendo todas mis "cosas" juntas, sigo perdiendo tiempo de clase buscando algo que estaba convencido de haber metido en la mochila (y muy seguido sí lo metí), pero estaba fuera de su lugar. En cuanto a la tecnología: tiene una forma de no funcionar cuando más la necesitas. Comprobarlo dos veces vale la pena.

Steiner alienta a los maestros a enseñar de la manera más viva y fluida posible, es decir - sin apuntes. Nuestros preparativos deben ser tan minuciosos que no necesitemos apuntes, que hayamos hecho nuestra la materia, a fondo. Debemos convertirnos en el tema y relacionarnos con él con todo nuestro ser, para que los niños puedan relacionarse con él, con todo su ser. Steiner alude a ello en varias conferencias, pero subraya este punto en la introducción a la reunión de maestros del 6 de febrero de 1923 en Stuttgart. "Si un maestro tiene que mirar sus notas preparadas para ver qué hacer, se interrumpe el contacto necesario con los alumnos. Esto no debería ocurrir nunca. Eso es lo ideal."[88] Es un ideal que después de más de 100 años los maestros se siguen quedando cortos. He observado con frecuencia que hay un atril (a menudo cubierto muy lindo con sedas) entre los alumnos y el maestro, en el que hay notas o un libro, al que el maestro se remite repetidamente. Sin embargo, el atril entre el maestro y los niños funciona como un obstáculo visible, una barrera. Esto implica que realmente no conocemos nuestro material, así que ¿por qué deberían hacerlo ellos? Por supuesto, en algunos casos, todos necesitamos recordatorios. Pero ¿se convierte en un hábito y con qué frecuencia ocurre? Yo siempre me siento un poco culpable cuando me encuentro a mí mismo inseguro de algún dato, que me obliga a consultar rápidamente mis notas. Claramente interrumpe la fluidez, sobre todo cuando tengo que revolver los papeles para encontrar el correcto. No está mal, pero no es lo ideal. Y a veces prometo volver a ese punto al día siguiente - una promesa que debería cumplir.

Luego hay un aspecto que es más sutil y difícil preparar conscientemente, y es el *humor*. El humor funciona mejor si surge del arco de la clase principal de manera orgánica y artística. El humor aporta ligereza a la clase, equilibrando la gravedad del contenido más serio. Los alumnos necesitan ambas cosas: humor y tragedia, las dos emociones humanas fundamentales, pero sobre todo el humor, porque de todos modos hay muchas cosas en la vida que agobian a la gente. Steiner menciona el humor en muchas de sus conferencias pedagógicas, subrayando su importancia. También lo hace durante la reunión de maestros del 6 de febrero mencionada anteriormente. Los elementos de alegría y tristeza deben formar parte de todas las clases, especialmente durante las de la mañana. A través de la ligereza del humor, los niños salen de sí mismos, mientras que una historia o anécdota conmovedora les hace replegarse sobre sí mismos. El mejor humor es el que surge de la fluidez natural de la Clase Principal.

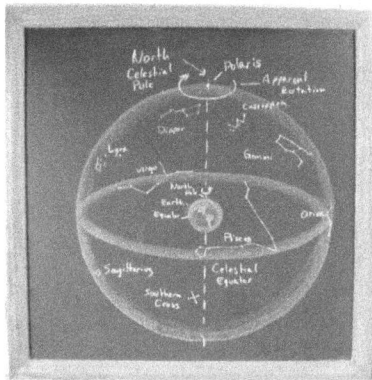

El humor imprevisto es el que mejor pegue tiene. Surge del momento, dependiendo de quién seas, de tu temperamento, la relación que tenga con los alumnos y la libertad con la que trabajes con el material.

Quizá la mejor parte, más divertida y ligera de la clase ocurre cuando te sales por la tangente de forma orgánica. Sin embargo, si tienes dificultades para aportar humor a la clase, es posible planificar y estructurar una clase respectivamente. Sabiendo que los alumnos habrán estado trabajando seriamente toda la clase principal, Steiner recomienda que "intentes al menos contar alguna anécdota divertida al final de la clase. [...] Es muy necesario."[89] Transformará el ambiente en frivolidad satisfecha.

Si tenemos en cuenta a todo el niño y nos preparamos, entonces nos habremos acercado al ideal adecuadamente.

85 Rudolf Steiner, *Balance in Teaching* (Anthroposophic Press, 2007), 9. 15. 1923, p. 9.
86 Rudolf Steiner, *Balance in Teaching* (Anthroposophic Press, 2007), 9. 15. 1923, p. 8. 1923, p. 8
87 Véase Craig Holdrege (Ed.), *The Dynamic Heart and Circulation*, (Fair Oaks: AWSNA, 2002)
88 Rudolf Steiner, *Faculty Meetings with Rudolf Steiner: Volume 2* (Anthroposophic Press, 1998), 2.6.1923, p. 540.
89 Rudolf Steiner, *Faculty Meetings with Rudolf Steiner: Volume 2* (Anthroposophic Press, 1998), p. 539.

Cuentacuentos

"Lo que había en su rostro mostraba que estaba dispuesto a responder y articular el ritmo de la noche. Era un cuentacuentos porque estaba en sintonía con este ritmo y tenía en su memoria los incidentes a menudo repetidos que encajarían en él... […] Una fe real en los poderes humanos está presente."[90]
~ Padraic Colum

UNO DE LOS REQUISITOS MÁS IMPORTANTES de un maestro es tener la capacidad de contar cuentos. Contar cuentos es un arte que se requiere cultivar y practicar. Está en el núcleo de la enseñanza exitosa, porque lleva implícitos los más altos ideales educativos. Es la mejor herramienta de los maestros Waldorf. Esto es válido tanto para los maestros de primer grado como para los de doceavo y los grados intermedios. Los maestros son, en esencia, cuentacuentos y deben aspirar a convertirse en un cuentacuentos profesional. Sí, podemos dar instrucciones, podemos hacer presentaciones en power point, podemos pedir a los alumnos que abran sus libros y lean determinadas páginas, o darles folletos seguidos de cuestionarios para comprobar su comprensión. Pero esa no es el alma de la enseñanza, aunque tiene su lugar. Hay suficiente evidencia de que dar pura instrucción a los estudiantes, hace más difícil que retengan y recuerden la información, sin hablar de obtener perspectivas más profundas y los significados más imponderables.

En los grados inferiores, los niños escuchan cuentos de hadas, fábulas y mitologías de todo el mundo. Pero no acaba ahí. Sea cual sea la asignatura, el desarrollo de las clases se adhiere al mismo tipo de legalidad que está contenida en la narración de cuentos. En un nivel rudimentario las historias exigen una narración vibrante e imaginativa, claridad en el discurso, introducciones claras, desarrollo lógico y conclusiones sucintas. Estos mismos atributos son esenciales en toda enseñanza, independientemente de la disciplina o la materia. El uso de imágenes ayudará a aclarar aspectos difíciles de expresar con palabras, especialmente cuando se trata de transmitir cualidades. Exige claridad de pensamiento y un uso convincente del lenguaje, mediante símiles y metáforas, ya sea que se trate de humanidades, ciencias, música o matemáticas. Todos los maestros saben que los conceptos, las teorías, las ideas – sean cuales sean - deben explicarse de distintas maneras para que los alumnos "lo entiendan". Si ellos no están entendiendo algo, ¡cambia la narrativa!

Parte de la formación de los antiguos narradores celtas era bajo la tutela de los Druidas. Y del mismo modo, los Druidas tenían que dominar el arte de contar historias de los maestros bardos. Sus sabios relatos corrían la voz entre la gente, mantenían costumbres y tradiciones vivas, difundían noticias, e impartían importantes lecciones. Lo mismo ocurre con los trovadores, los Griots africanos, los antiguos Rapsodas griegos y los chamanes orientales y nativos americanos. En esencia, todos los líderes espirituales del pasado eran cuentacuentos de sabiduría. Se les consideraba a todos sanadores y maestros espirituales. Y en verdad, como maestros también somos sanadores y protectores. Cada época tiene sus malestares y sus crisis. Y los alumnos que entran a nuestro salón de clase tienen sus dolencias individuales y disturbios internos que necesitan curación. Nosotros vivimos en tiempos difíciles. Como maestros, lo vemos a diario. Si nos tomamos seriamente la enseñanza, sabemos que enseñar es mucho más que impartir conocimientos. Les estamos ayudando a convertirse en lo mejor que pueden ser, humildemente abasteciendo peldaños para facilitar sus caminos hacia la libertad. Y nuestras clases, nuestra narración de cuentos ayuda a guiarlos hacia sí mismos. Mientras más nos hacemos conscientes de esta responsabilidad, más despertaremos a la importancia de trabajar el arte de cuentacuentos. Tenemos que convertirnos como Scheherezade quien administra sus cuentos nocturnos a las heridas de su marido Sharyar, ayudándolo a transformarlo y curarlo de su propio dolor mal digerido.

Especialmente en jardín de niños y durante los primeros grados de primaria, los maestros son alentados a contar "cuentos pedagógicos" para ayudar a niños específicos o a un grupo de niños para superar ciertos malestares o retos. Uno puede ser escéptico, como yo lo era al inicio. Pero, pronto aprendí el poder de los cuentos, cómo tienen un efecto casi mágico; cómo el comportamiento puede cambiar, a veces de la noche a la mañana, aunque historias de seguimiento son necesarias para apoyar los resultados de remedio, tal como Scheherezade tuvo que continuar contándole su historia al Rey Shahryar. Se podría decir que la pedagogía Waldorf es un gran cuento a lo largo de un periodo de 12 años.

De los miles de reportes que destacan el poder de los cuentos, yo voy a dar dos conmovedores ejemplos narrados. En un breve ensayo del autor nigeriano Chinua Achebe, quien escribió *Things Fall Apart*, se refiere a un incidente que le ocurrió en el pasado cuando llegó por primera vez a Estados Unidos en 1972 y vivía en Amherst, Massachusetts. Él tenía que llevar a su hija, Nwando, a una guardería, pero ella no quería ir y odiaba el lugar. Cada día cuando él la tenía que ir a dejar al preescolar Wonderhaven, ella lloraba desconsoladamente. Además, a él le dijeron que ella se negaba a decir una sola palabra durante el día en el preescolar, prefiriendo sentarse sola en silencio sintiéndose "entristecida". Él no sabía qué hacer hasta que de repente tuvo una idea. Después de semanas y semanas de atestiguar las inconsolables lágrimas de su hija, finalmente él hizo un trato con ella, prometiéndole contar un cuento mientras manejaban para llegar a la escuela, si ella prometía dejar de llorar. Nwando estuvo de acuerdo. Cumpliendo a su palabra, él le contó un cuento cada mañana mientras iban camino a la escuela y ella no lloró cuando la dejó. Después de un tiempo se dio cuenta que cuando iba a buscarla al final del día, ella añadía otra historia en el camino de vuelta. Y no sólo eso, sino que se enteró por la maestra de la guardería de que ella contaba cuentos a los demás niños de la clase. ¡El problema se había resuelto! El cuento la entretenía, y a su vez ella a los demás niños de la guardería, hasta el punto de que sus compañeros de salón la llamaban a la escuela "Nwanda-haven", en lugar de Wonderhaven.[91] Los cuentos son poderosos. Los cuentos curan. Los cuentos unen a la gente.

El extraordinario libro *Stolen Lives*, de Malik Oufkir, cuenta la historia real del encarcelamiento de 20 años de toda su familia en Marruecos después de que su padre conspirara para asesinar al rey. La situación era desesperada y, al cabo de diez años, la tensión era insoportable. Fue entonces cuando Malika tuvo una "ocurrencia", como ella dijo:

> Iba a contarles una historia. Así podría hablarles de la vida, del amor. A los más jóvenes les daría el beneficio de mi experiencia; los llevaría de viaje y les haría soñar, reír y llorar. Les enseñaría historia y geografía, ciencia y literatura, les daría todo lo que supiera, y para el resto, pues improvisaría ...[92]

La interminable historia que recopiló sobre un príncipe ruso se llamaba "The Black Flakes" y se la contó a sus cinco hermanas y hermanos menores durante diez años hasta el momento de su huida, comparándose acertadamente con Scheherazade. Ella tomó en cuenta cada disposición individual, sus edades, sus luchas y sus necesidades interiores, esforzándose siempre por ocultar la historia en curso con lecciones de vida de la manera más interesante y pictórica. Malika está convencida de que la historia y los personajes les salvaron, que de otro modo no habrían sobrevivido a la prueba, y que fue fundamental para impedirles volverse locos. Esta experiencia refleja tan fielmente lo que los maestros Waldorf intentan lograr a diario. Cuando todo terminó, Malika se preguntó cómo rayos se le había podido ocurrir una historia así, llena de detalles intensos y vívidos. "No sé cómo mi imaginación logró producir algo así y mantenerlo en marcha durante diez años sin cansar ni aburrir a mi audiencia."[93] Yo sospecho que el "cielo" tuvo algo que ver con ello. Eso puede ser un gran consuelo para todos los maestros Waldorf, porque confirma que tenemos el poder creativo dentro de nosotros - la voluntad de imaginar cuando surge la necesidad. En el principio fue la palabra. Las historias y cuentos son palabras de poder. Nosotros sólo tenemos que empezar y las ideas empiezan a fluir.

La palabra: La importancia de la palabra ya se ha mencionado en numerosas ocasiones, pero debemos preguntarnos si trabajamos lo suficiente nuestro propio discurso. Recordemos como Rudolf Steiner, a mitad de su breve curso de formación de 14 días para los maestros de la primera escuela Waldorf, empezó a introducir ejercicios del habla, destacando la importancia de la palabra. Fue implacable, quería que los maestros siguieran trabajando la palabra por sí mismos y en las reuniones pedagógicas.

En los institutos de formación de maestros se hace hincapié en el habla, pero no es suficiente. Requiere una práctica continua. Los niños se forman a través de nuestras voces. La voz del maestro influye en los alumnos también a nivel físico. La laringe copia automáticamente todo lo que oye en su entorno. Imita sutilmente todos los sonidos. Esta fuerza formativa cambia la forma de hablar de los niños. Por eso es lógico que como maestros debemos utilizar nuestra mejor voz. Contar cuentos es una tradición oral milenaria. Es la portadora de la primera literatura. Y nunca es sólo el cuento lo que los niños escuchan. Oyen y absorben lo invisible, que les ayuda a formar su propia y rica imaginación. Ellos absorben implícitamente la moralidad subyacente contenida en la historia. Pero más que eso, "escuchan" cómo los significados más profundos son entendidos, penetrados, y vividos por el maestro. Toda la gran literatura del mundo, incluidos los cuentos populares, contienen aspectos espirituales del alma. Si el maestro ha intentado conscientemente penetrar en las capas más profundas de los cuentos, entonces algo diferente emergerá e irradiará en la narración. Además de eso, los niños se verán afectados por el tipo de persona que eres. Hace la diferencia si un maestro persigue activamente el desarrollo interior o no. A menudo oímos hablar de rigor, de objetivos académicos estrictos, metas cuantificables, la comprobación de la información, etc., pero muy poco de estos aspectos más imponderables. Cómo contemos un cuento también influirá en la forma en que ellos se cuenten su propia narración interna a sí mismos a medida que avanzan en la vida. Cada historia puede contarse de distintas maneras. ¿Cómo van a contar ellos su propia historia?

Llegamos a saber lo que sabemos *contando* lo que sabemos, al igual que podemos cerciorarnos de lo que sabemos cuándo lo ponemos sobre el papel. Sin embargo, antes hay que escuchar la historia, que contiene el conocimiento, la verdad, la información. *Odiseo* escuchó por primera vez su propia historia contada por el arpista ciego Demódoco. Al escuchar la historia de la Guerra de Troya, incluyendo el papel vital del caballo de madera, su comprensión es impulsada por ser confrontado por sus propias acciones. Esta autorreflexión se profundiza cuando se le pide que cuente sus propias aventuras a los Feacios, lo que le ayuda a comprender plenamente por lo que había pasado. Siempre que llegamos a esta parte de nuestro estudio de la Odisea de Homero, siempre me conmueve este momento en el que él revela su identidad, que está estrechamente relacionado con *escuchar su* historia *y volver* a contar el resto. Es un paso esencial hacia su autodesarrollo, demostrando el crecimiento de su individualidad. La historia le sirve de auto confrontación, que le permite mirarse a sí mismo y a sus actos con objetividad. Fortalece y prepara su "yo", lo que le granjea la confianza del rey Alcinoo y la reina Arete (sobre todo a ella) y un pasaje de regreso a Ítaca. Sólo ahora, después de diez largos años de lucha por volver a casa, es lo bastante fuerte y perspicaz para vencer a los pretendientes, reunirse con Penélope - su yo superior - y recuperar su soberanía. Pero primero necesitaba conocer su propia historia antes de poder alcanzar su meta, superar a los adversarios y encontrar su verdadero yo.

Como saben todos los escritores, una vez que han escrito su historia, necesitan adherirse a tres reglas: reescribir, reescribir, reescribir. Lo mismo ocurre con las historias: el perfeccionamiento del arte de contar historias sólo se consigue a través de la narración continua. Los antiguos cuentacuentos celtas tenían que subir varios peldaños en la escalera de la narración bajo la rigurosa supervisión de un maestro cuentacuentos durante alrededor de 12 años.

No debemos nunca amedrentarnos ante esta tarea. Al contrario - ¡entusiasmados! Los niños son indulgentes. Les ofrecemos lo mejor de nosotros, sabiendo que siempre podemos hacerlo mejor. A través de imágenes imaginarias y un argumento fascinante, la historia contada por un cuentacuentos experimentado (maestro) genera asombro, y el asombro es la base de todo aprendizaje, o para citar a Thomas Aquinas, "El asombro es el deseo de conocimiento".

Mientras contamos nuestras historias (es decir, enseñamos) podemos calibrar cómo los alumnos escuchan. Escuchamos la calidad de su escucha, que nos informa cómo podemos continuar. Cada historia es como un río. A medida que navegamos por la corriente de la historia, podemos ir un poco a la derecha o a la izquierda, o dejarnos llevar por la corriente aquí o allá. Tenemos una sensación inmediata y directa de si lo que decimos está teniendo los resultados deseados. Sentimos si debemos despertarlos ligeramente, calmarlos o dar por concluida la historia. Contar cuentos, como tantas otras cosas en la vida, es un proceso bidireccional. Un cuentacuentos astuto siempre lleva las riendas, pero manteniendo lo que avive en el público.

Como el rapsoda griego o el bardo celta, tenemos que dedicar tiempo, pagar nuestras deudas, antes de poder llamarnos cuentacuentos a nosotros mismos. La mayoría de nosotros empezamos como diletantes y aprendemos el oficio en el trabajo. Aunque a algunos les resulte fácil (el ser humano es cuentacuentos por naturaleza), otra cosa muy distinta es lo que se exige a un maestro, donde cada palabra cuenta, aunque no estemos contando una historia o presentando material nuevo. Pasamos muchas horas al día hablando con los alumnos, y nuestro discurso debe ajustarse a todas y cada una de las circunstancias con la sensibilidad de un cuentacuentos. Cada uno de nosotros tiene que descubrir áreas que necesiten trabajo. ¿Cómo es nuestra enunciación y articulación? ¿Tenemos problemas con el volúmen? ¿Nuestra voz es muy alta o baja, jadeante o aguda, ásperas o chirriante? ¿Nuestra habla es poco profunda y fina? ¿Nuestra voz se cansa con facilidad y se dispersa? ¿Tenemos un ligero balbuceo o algún defecto en el habla? ¿Somos conscientes del fraseo y la dinámica, o ignoramos que hablamos monótonamente? ¿Tendemos a pronunciar mal las palabras? ¿Tenemos un acento o dialecto? ¿Murmuramos las palabras, las arrastramos o hablamos gangosamente? ¿Mezclamos metáforas, utilizamos sintaxis incorrecta o torpe? La lista continúa.

¿Somos capaces de recordar cuentos? ¿Somos capaces de imaginar todo lo que decimos? ¿Tenemos sentido del detalle? ¿Vemos, oímos, olemos y sentimos interiormente el contenido de la historia con nuestros «doce» sentidos, además del sentido del humor? ¿Somos lo suficientemente versátiles como para cambiar nuestra voz dependiendo del contenido? ¿Tenemos clara la geografía de la historia? ¿Podemos leer a los niños mientras contamos la historia, saber si debemos ir más despacio o más deprisa, evaluar si siguen con nosotros? ¿Somos espontáneos e improvisamos? ¿Podemos sentirnos en el grupo de edad, sobre todo como maestro de una clase en la que cambian cada año a medida que crecen? ¿Está nuestro instrumento del habla saturado de vida - los labios, la laringe, la lengua, el paladar - para que el sonido refinado y formado pueda liberarse de los órganos y ser transportado por nuestra respiración controlada a través del aire hasta los niños expectantes y atentos? ¿Nos hemos escolarizado y aprendido en el arte de las frases esculpidas con fluidez? ¿Podemos entrelazar las frases en un todo moldeado? ¿Podemos entrar en el genio de la lengua? La respuesta a todas estas preguntas es inequívocamente: "Sí", pero no sin práctica y práctica diaria. No sin amor por los sonidos y la belleza del idioma – el vehículo de la verdad y la bondad. No sin en el caldero colectivo del mundo de las historias reparadoras.

Recuerdo a un estudiante de nuestro programa de formación de maestros que le costaba mucho trabajo simplemente recordar el cuento. Era un obstáculo casi insuperable, que le dificultaba trabajar en cualquiera de los otros elementos de cuentacuentos. Trazó la historia, hizo dibujos, los escribió, los leyó repetidamente en voz alta, practicó con su esposa y ante el espejo, hasta que pudo contar el cuento... en casa. Cuando llegó el momento de contarlo al grupo, se paralizó y tuvo que recurrir a sus notas. Pero estaba claro que podía hacerlo. Ahora sólo tenía que superar sus miedos personales. Él estaba tan abatido que se preguntaba si podría ser maestro Waldorf (antes había enseñado en escuelas públicas). Yo le sugerí que contara el cuento delante de los niños y que no se preocupara por olvidar ciertas partes. Y si tenía que recurrir a las notas, que así fuera. Tuvo éxito. La atención de los niños, su alegría y expectación le sacaron el cuento de él, haciéndole sentir más relajado. Se convirtió en un exitoso maestro titular.

El alumno Waldorf recibe un inmenso tesoro de cuentos a lo largo de doce años. Scheherezade tuvo que contar más de mil historias durante unos tres años antes de transformar al rey. El alumno Waldorf recibe doce años. Después de eso pueden transformar el mundo, y lo hacen. Como Malika Oufkir, todos los maestros Waldorf asumen la tarea de Scheherezade.

90 Padraic Colum, *"Introduction"*, *The Complete Grimm's Fairy Tales* (New York: Pantheon Books, 1972) p. vii
91 China Achebe, *The Education of a British-Protected Child: Essays* (Nueva York: Alfred A. Knopf, 2009).
92 Malika Oufkir y Michéle Fitoussi (traducidas por Ros Schwartz), *Stolen Lives: Twenty Years in a Desert Jail* (New York: Miramax Books: Hyperion, 2000), p. 155.
93 Ibid. p. 157.

El viaje de los ocho años

"Nunca he conocido un programa educativo estúpido: son siempre muy ingeniosos. Pero lo importante es que se tengan personas en la escuela que puedan trabajar de la forma que he indicado."[94] ~Rudolf Steiner

OTRO ELEMENTO DISTINTIVO de las Escuelas Waldorf es el ideal de que un maestro lleve de la mano a un grupo desde primer grado hasta el octavo: el maestro titular. Se crea una relación cada vez más profunda entre los niños y su maestro a lo largo de los años, basada en la confianza y el amor, y en la que los niños se sienten vistos por su maestro de la manera en la que realmente son, como seres humanos en desarrollo. De este modo, la escuela se convierte en un segundo hogar para ellos, lleno de brillo en una atmósfera de calidez, felicidad y aceptación. Esto es el ideal.

Hace unos años, nuestra escuela estaba pensando en terminar la trayectoria de ocho años del maestro titular en favor de que se tuvieran maestros de primaria media que tomaran el relevo después de quinto grado. Las preguntas siempre han surgido de si un maestro puede realmente llevar la carga de ocho años profesionalmente, especialmente en la primaria media cuando la presión académica se agudiza. Otras preguntas han incluido: ¿se cansan los alumnos de sus maestros? ¿Puede el maestro satisfacer las necesidades cambiantes del alumno? ¿Son los maestros lo suficientemente flexibles con los alumnos? ¿Y si hay problemas con el maestro respectivo que no se abordan suficientemente, simplemente se ignoran o se permite que continúen? ¿El maestro titular gobierna su reino a expensas de toda la escuela? ¿Se parecen demasiado a reyes y reinas autónomos que mantienen a raya a los maestros de clases de especialidad, al punto que les resulta más difícil enseñar? ¿Se pierden demasiados alumnos por culpa de maestros titulares inadecuados y de bajo rendimiento? ¿Hacen falta especialistas?

Desgraciadamente, hemos sufrido algunas crisis con maestros a lo largo de los años, basadas en algunos de los temas ya mencionados. Además, desgraciadamente nuestro historial de tener un solo maestro que completara el ciclo completo de 8 años no ha sido suficientemente bueno, aunque ha habido razones legítimas, como irse por maternidad, tener que mudarse a causa de la pareja, caer enfermo terminal, o cualquier otra indisposición.

Estas preguntas y argumentos han circulado durante años, lo que ha llevado a acortar el bucle de los 8 años en varias escuelas Waldorf, llegando incluso a dividir los ocho años en tres secciones. Estas consultas no proceden del exterior, sino también del interior de las escuelas, tanto de padres como de maestros. La gente se lamenta de que los alumnos no están suficientemente preparados en ciencias y que se necesitan maestros de primaria media especialmente formados que puedan hacer frente al "rigor académico" que se exige en estos años. En cambio, rara vez se menciona la necesidad de rigor en los contenidos y de material nuevo.

Decidimos emprender un estudio en el que participara todo el profesorado y que analizara los pros y los contras del ciclo de ocho años. Varios padres que habían expresado su preocupación o estaban interesados en el tema también fueron invitados a participar. El estudio duraría unas semanas tras lo cual el Consejo de Profesores (el Colegio) decidiría si se volvía a un nuevo formato de bucle. Se me pidió que investigara el tema y presentara el estudio. Cada semana, tras mi breve introducción, el profesorado se dividía en varios grupos para debatir los temas seleccionados, garantizando que todas las voces fueran escuchadas. Fue un esfuerzo fructífero y nos hizo a todos más conscientes de los puntos fuertes y débiles del ciclo de 8 años. Este estudio tuvo lugar un par de años antes de Waldorf 100 (celebración de sus 100 años), y sirvió como paso inicial para que nosotros como escuela volviéramos a la fuente, examináramos las indicaciones de Steiner y su aplicación, y trabajar dentro de las escuelas Waldorf de todo el mundo. Una vez concluido el estudio, la escuela decidió mantener el ciclo de ocho años, aunque cada año se daría al maestro titular en quinto grado la opción de volver a primer grado o someterse a un proceso de revisión. Además, aceptaríamos fácilmente a maestros que sólo querían enseñar los primeros grados. En general ya nos habíamos adherido a estas pautas, aunque no se habían convertido en una política. Sin embargo, durante todo nuestro esfuerzo por comprender el ciclo de 8 años, estábamos en esencia, eludiendo la pregunta real y subyacente: *¿Qué significa ser maestro titular de grado?* Esta es la pregunta fundamental, sobre todo ahora que hemos entrado en el segundo siglo de la educación Waldorf, que exige una comprensión renovada y actualizada de los ideales iniciales. En esencia, la pregunta se refiere a las responsabilidades del maestro de la Clase Principal.

Toda relación se basa en la confianza, el amor y el reconocimiento mutuo. Y esto es especialmente cierto para los maestros con sus alumnos. En la primaria menor este elemento de confianza recae predominantemente en el maestro titular, como subraya Francis Edmunds: "Se aplica particularmente a la clase principal con la que comienza el día [...]. Es aquí donde el papel del maestro titular es primordial."[95] Se lleva tiempo conocerse el uno al otro, y las personas también cambian con el tiempo, especialmente los niños. Crecen y se desarrollan a pasos agigantados. Habiendo tenido el privilegio de llevar a un grupo de clase a lo largo del ciclo de ocho años puedo dar testimonio de lo importante que es conocer a todo el ser humano en desarrollo para saber cómo educar y afinar todo para sacar lo mejor de cada uno de ellos. Y eso requiere tiempo. El concepto mismo del ciclo de ocho años es un elemento que me atrajo hacia la pedagogía Waldorf, a pesar de que reconocía las dificultades que esto conlleva. Steiner mencionó el ciclo de ocho años, desde el primer día de sus conferencias y seminarios a los primeros maestros de la Escuela Waldorf de Stuttgart. Él termina la *Primera Discusión* el 21 de septiembre de 1919 con las siguientes palabras: "El maestro sube en la escuela con su clase. El maestro de la clase más alta (Clase VIII) luego comienza de nuevo con la más baja (Clase 1)."[96]

Si el amor es el fundamento de la pedagogía Waldorf, como Steiner lo dice en repetidas ocasiones y de diferentes maneras, tenemos entonces la necesidad de buscar los elementos de la educación que apoyan y cultivan ese amor desinteresado. Mi esposa recuerda y habla a menudo de su maestra titular, refiriéndose al humor que transmitía, su rigor tanto en lo académico como en lo artístico - que siempre le cubría la espalda, que se sentía vista por ella. Su confianza en la maestra titular era inequívoca, y cuando Fräulein Südow cayó enferma y el grupo tuvo que tener maestro suplente, la echó mucho de menos, incluso su forma de oler (las cremas Weleda) y de vestir. Ella personificaba el ideal del ciclo de 8 años.

Como seres humanos, cometemos errores, decimos cosas y malinterpretamos las situaciones. De hecho, es una de las razones por las que se pide a los maestros que repasen el día en el Rückschau nocturno, que nos da la oportunidad de tomar conciencia de nuestros actos: en qué debemos trabajar y cómo podemos hacerlo mejor la próxima vez. Durante esta práctica nocturna en la que intentamos recoger las necesidades de los alumnos, estamos apoyando su crecimiento. Nos ayuda a ver al niño de manera completa - un aspecto crucial de la educación, una educación que requiere tiempo - una educación lenta. Estamos invirtiendo en una relación con cada niño y el espíritu del grupo. Es nuestra responsabilidad cuidar ese jardín. Estamos construyendo confianza, confianza mutua. Una vez que se ha establecido y conocemos los puntos fuertes y débiles de los niños (cuánto han progresado y mejorado, en qué aspectos necesitan apoyo), entonces empezamos a enseñar "entre líneas", entre las filas o camas de jardín. Estamos tomando en cuenta lo invisible, los matices y las sutilezas que otros no conocen, además de que los que no conocen a los niños tan bien, podrían perder de vista. Nuestra enseñanza se vuelve mucho más intuitiva con relación a cómo manejamos al grupo completo y de manera individual a cada estudiante. Mientras los sacamos suavemente de sí mismos, ellos sacan algo de nosotros; ellos nos "educan". Va en ambos sentidos: este conocimiento profundo que se desarrolla con el tiempo. Steiner se refirió a esto en varios lugares como "fluidez espiritual". Tenemos que tomar en cuenta el pasado del niño, el presente y el futuro. Solo así podemos pretender educar al niño para toda la vida (o vidas). Es lo que a menudo se denomina "el largo plazo". En ese sentido se pueden ver ocho años como una unidad, como un todo. Y los ocho años son como un Gesamtkunstwerk, como Caroline von Heidebrand escribió en su libro, en el que delinea el primer currículo Waldorf. A mí me gusta pensarlo en términos de una octava: empezando en primer grado y lentamente moviéndose hacia arriba hasta llegar a la misma nota nuevamente, una octava arriba – transformada. La palabra ciclo viene del griego "kuklos", que significa círculo. El círculo de este ciclo ha sido completado. Yo llevo este sentimiento de los 8 años como un todo desde dentro de mí, iniciando en primer grado. Hace una diferencia significativa si uno como maestro enseña partiendo de esa idea (ideal) o no. Si no hubiera podido enseñar más allá de ese primer año, todavía habría marcado la diferencia, porque interiormente estaba aguantando los ocho años. Cuando contaba los cuentos de hadas, estaba construyendo su vocabulario que necesitarían para los siguientes grados. Cuando mencioné al león, yo ya estaba pensando en el bloque de animales de cuarto grado; al presentar a los números, yo ya estaba pensando en las fracciones; durante el dibujo de formas yo ya me anticipaba al bloque de geometría, lo que, a su vez, presagiaría el álgebra. El futuro, su futuro, viviendo dentro de mí. Era casi como si el futuro estuviera inclinado y me tocara a mí y a los niños, como si se acercara a nosotros, guiándonos de algún modo misterioso. En un artículo que escribió Erika Dühnfort acerca del maestro titular Waldorf para "Erziehungskunst", en donde resume de manera perfecta en la oración: "El maestro titular de clase debe aprender a hornear el pan de mañana hoy, para los alumnos."[97]

En *Consejos Prácticos para Maestros*, Steiner alude a la importancia de introducir un tema en un año y luego retomarlo muchos años después con una mayor comprensión, lo que subraya la importancia de que un maestro titular permanezca con su clase el mayor tiempo posible. Primero habla de cómo los maestros Waldorf deben reconocer la vida más profundamente si quieren educar al ser humano en desarrollo (conocimiento que podrían haber sido secretos en los antiguos centros de misterios, conocimientos que no podían transmitirse directamente). Él toma este pensamiento y lo dirige directamente a por qué es importante que el maestro titular permanezca con su clase.

> En cierto sentido, todos los maestros deben poseer verdades que no pueden transmitir directamente al mundo. [...] Ellos [los alumnos] comprenderán estas enseñanzas más tarde, cuando vuelvan a ellas de nuevo y puedas explicarles no sólo lo que les dices ahora, sino también lo que aprendieron antes.[98]

E inmediatamente después afirma:

> Esto actúa muy fuertemente sobre las fuerzas del corazón. Por eso es esencial en cualquier buena escuela que el maestro permanezca con un solo grupo de alumnos el mayor tiempo posible. El maestro los toma el primer año, continúa con ellos el año siguiente, pasa de nuevo con ellos al tercer año, y así sucesivamente - en la medida en que las circunstancias externas lo permitan. Y el maestro que ha tenido el octavo grado un año debe comenzar con el primer grado al año siguiente. A veces es apropiado volver sólo años después a algo que se ha inculcado en el alma de los niños. Sean cuales sean las circunstancias, la educación de las fuerzas del corazón sufren si los niños tienen un nuevo maestro cada año que no puede seguir lo que ha inculcado en sus almas en años anteriores. Es una característica de esta pedagogía, que el maestro va subiendo de grado con los mismos alumnos. Sólo así se puede trabajar con los ritmos de la vida. Y la vida tiene un ritmo en el sentido más amplio.[99]

A este respecto, Rudolf Steiner, durante una conferencia en Torquay, Inglaterra en 1924, habló con la misma rotundidad sobre el maestro titular de clase que permanezca con su grupo:

> Permítanme, pues, darles un ejemplo de algo que puede hundirse en el alma del niño para que crezca a medida que el niño crece, algo a lo que se puede volver y utilizarlo para despertar ciertos sentimientos. Nada es más útil y fructífero en la enseñanza que dar a los niños

algo en forma de imágenes entre el séptimo y el octavo año, y más tarde, tal vez en el decimocuarto o decimoquinto año, para volver de una u otra manera. Solo por esta razón intentamos que los niños de la Escuela Waldorf permanezcan el mayor tiempo posible con un solo maestro. Cuando llegan a la escuela a los siete años, los niños son entregados a un maestro que entonces lleva a la clase lo más lejos posible, pues es bueno que las cosas que en un momento dado se dieron a los niños en germen puedan proporcionar una y otra vez el contenido de los métodos utilizados en su educación.[100]

Si se les pregunta, los maestros atestiguaran que esta continuidad a lo largo de muchos años es algo así como una mano guía inescrutable, que se puede sentir de manera palpable, casi tangible. También se puede observar desde fuera y tiene efectos a largo plazo. En uno de nuestros viajes de fin de año de doceavo grado, el maestro de segundo grado acompañó a su antiguo grupo a Italia. Los de doceavo habían abogado vehementemente por su presencia en el viaje y recaudaron fondos para que pudiera venir. Tanto así era lo mucho que lo querían. Cuando fuimos a Asís, él y sus antiguos alumnos experimentaron uno de esos momentos de "círculo-completo" cuando caminábamos a través del pueblo medieval, fuimos a la catedral, vimos las túnicas de los Santos y bajamos a ver su tumba. Fue verdaderamente conmovedor ver y después oír durante nuestro repaso por las tardes, cómo fue que respondieron los estudiantes, recordando años atrás a cuando iban en segundo grado y su obra de teatro de San Francisco. Este maestro también llevaba pequeñas notas de su grupo actual para poner dentro de la reja de la tumba de San Francisco, y le dieron un bonche de postales como regalo para sus niños de segundo grado de parte de uno de los monjes que estaba encargado de la tumba, sobre la cual estaba escrita la famosa "Oración por la Paz", empezando con la frase, "Señor, haz de mí un instrumento de tu paz. Donde hay odio, déjame sembrar amor." Increíblemente, el monje le había entregado aleatoriamente al maestro el número exacto de postales que necesitaba para que les tocara una a cada niño de su salón. Los de doceavo grado recordaron con mucho cariño cómo recitaban ese verso cuando eran unos pequeños de segundo grado.

Los maestros Waldorf están en la escuela "para largo plazo". Y qué fortuna es observar a los niños crecer desde el día en el que comienzan a mudar de dientes y a través de los años, hasta la pubertad y la adolescencia. Es un viaje desde el estado paradisíaco de ensueño a través de la rama del sentimiento imaginativo hasta el umbral de comprensión clara. La llamada del futuro será mucho más fuerte si sostenemos los ocho años como una unidad sagrada. Romperlo de manera consciente cambiando al maestro titular en quinto o sexto grado, debilitará su potencial, especialmente si no es completamente necesario hacerlo. Si el maestro puede seguir, que siga cargando y llevando un todo, pero si sabemos que no vamos a enseñarles más allá de quinto grado, que no les vamos a enseñar física, química o fisiología, sin hablar de historia mundial en octavo grado, afectará de alguna manera u otra, la manera en la que enseñamos. Y eso no se debe de subestimar. No fue en vano que Steiner quería que el maestro o maestra titular acompañara a los niños "*durante el mayor tiempo posible*". La enseñanza ganará amplitud y profundidad. Permite a una fuerza, una fuerza imponderable, entrar al momento presente. Ayuda a inflamar, entusiasmar y avivar el momento presente – alentando al niño. Lo que es importante en este viaje de ciclo de ocho años es el paso de una fase a otra. Si hubiera sido posible retrasar la inscripción por un año, Steiner podría haber optado por un ciclo de siete años. El ciclo de ocho años garantiza que el maestro titular pueda estar con los niños durante toda la fase de siete años del desarrollo infantil (primer septenio).

Cuando el niño entra a primer grado con seis o siete años, deja atrás la primera infancia. Las fuerzas que ayudaron a construir el cuerpo y sus órganos internos se liberan y se activan en el alma como memoria e inteligencia. Este nacimiento de las fuerzas vitales puede utilizarse ahora para el aprendizaje. Durante esta segunda fase, el niño vive en el *sistema rítmico*. El niño se convierte en artista, queriendo moldear, pintar y dibujar. Al igual que las fuerzas vitales construyeron los órganos corporales en el primer ciclo de siete años, ahora las fuerzas vitales liberadas quieren formar el mundo exterior a través del arte. (*Reino de la Infancia*, conferencia 6). Mediante el arte y la enseñanza artística (a diferencia de las instrucciones y las técnicas) nutrimos la vida de los sentimientos a través de la enseñanza pictórica que fortalece la voluntad. El cuerpo astral (que engloba las capacidades del alma), aunque presente, no llega a tener actividad completamente hasta los 14 años, cuando nace de verdad, como lo hace el cuerpo etérico, que nace en torno al cambio de dientes. Pero durante el segundo ciclo de siete años, es gradualmente llevado hacia el interior, encarnándose en el niño en desarrollo hasta impregnarlo más plenamente.[101] En octavo grado, alrededor de los catorce años, atraviesa el umbral de la pubertad hacia la adolescencia, inaugurando una conciencia muy diferente. Con algunos niños esto se manifiesta muy claramente ya en años anteriores, y podemos caer en el error de pensar que ya han alcanzado la madurez completa, pero en su interior son aún jóvenes y necesitan que el maestro titular les guíe con claridad y sensibilidad. Del mismo modo, algunos alumnos son precoces y extremadamente brillantes. Siempre y cuando tengan un maestro sabio y amoroso, que ofrezca abundantes contenidos y actividades que sean atractivas a todas las facultades del niño, éste nunca se aburrirá, sino que se sentirá conectado al gran mundo a través del corazón. En las palabras de Francis Edmunds, "Una vida de corazón más profunda y rica es necesaria para humanizar el intelecto."[102] Y especialmente en nuestros tiempos abstractos, tecnocráticos e intelectuales necesitamos personas que tengan la fuerza de voluntad y las fuerzas del corazón para aportar un cambio positivo en el mundo. La imagen pictórica sigue siendo el medio principal, no la idea desnuda, el concepto.

Los ocho años abarcan y enmarcan el segundo septenio, una época en la que el niño necesita y anhela una *autoridad*, una autoridad basada en el amor y el respeto. Durante esta fase de desarrollo, el niño aprende principalmente a través de la imaginación – contenido que es imbuido con imágenes vivas: imaginaciones morales. Durante esta segunda fase, el niño también aprende hábitos saludables. Para poder sentar estos cimientos se consigue mejor con un solo maestro, una figura de autoridad amorosa, que enseñe artísticamente, allanando así el camino hacia la secundaria, donde el intelecto puede prosperar. A través de la enseñanza imaginativa de los contenidos, el primer ciclo prepara el camino para el pensamiento crítico, que se basa en la búsqueda de la verdad. De la bondad (primeros siete años) a la belleza (segundos siete años), a la verdad (terceros siete años).

Para iterar: los hábitos saludables requieren tiempo, al igual que el cultivo de un sentido de la belleza trabajado a través de la belleza. Tener tiempo para guiar a los alumnos en estos ámbitos es un privilegio, verlos mejorar, fortalecerse y adquirir habilidades es una satisfacción para todos los implicados. Durante esta segunda fase, los niños experimentan su alma en la circulación de la sangre y la respiración. Y la música ayuda a unir lo etérico con lo físico.

Al principio de su libro sobre el plan de estudios Waldorf, Caroline von Heidebrand escribe elocuentemente sobre la importancia y relevancia del ciclo de ocho años, reforzando lo que ya se ha dicho claramente: cómo el maestro titular puede tener un panorama completo de todo el plan de estudios y la gran variedad de temas y materias de cómo se desenvuelven los niños en ellos.[103] Las prácticas educativas, basadas en la realidad, se convierten entonces en "obras de amor" (*Liebestaten*). Así, el maestro titular, a lo largo de los ocho años, da una gran visión del mundo, a través de las ciencias y las humanidades y a través del portal de la inteligencia del corazón, que es la base del despertar *astral* durante la adolescencia (que no debe confundirse con la pubertad, que conduce a la *verdadera* adolescencia tal como se manifiesta durante la preparatoria).

En este sentido, necesitamos sentar las bases para que las fuerzas del alma florezcan por sí mismas y no se queden atrás, lo que puede ocurrir fácilmente en nuestros tiempos de intelectualidad. Los maestros titulares son casi parteras durante esta segunda fase del desarrollo del niño, preparando a los alumnos para el nacimiento del cuerpo astral, que los conduce a la adolescencia y al pleno resplandor del intelecto. Al mismo tiempo, ayudan al niño a superar las fuerzas de la herencia.

Como Steiner repitió muchas veces, tanto a los maestros como a los antropósofos: los tiempos, por malos que sean, empeorarán cada vez más en el futuro, lo que hace que la pedagogía Waldorf sea todavía más aguda (subrayada por la pandemia de COVID 19 que todos sufrimos de un modo u otro y que ha arrojado luz sobre las desigualdades sociales). Tenemos que plantar las semillas de la autoeducación aún más ardientemente, lo que significa que mucho dependerá de quiénes somos como maestros, y qué tipo de modelos podemos ser - debemos ser

- para los niños. El maestro titular se convierte en el principal representante del mundo adulto. La forma en que trabajemos en nosotros mismos se transmitirá a los niños, lo que, a su vez, anima su deseo de trabajar en su propio crecimiento. Y debemos recordar que las fuerzas imitativas siguen siendo increíblemente fuertes en los niños pequeños de los grados inferiores. En la preparatoria necesitan un maestro que encarne los ideales más elevados, que pueda guiarles como un mentor, un amigo mayor y leal. El simple hecho de hacerse amigo con los alumnos sólo dará resultados a corto plazo.

Cualquier arte tarda mucho tiempo en perfeccionarse. Piensa en cuántos años se tarda uno en tocar un instrumento o en dominar el dibujo, la escultura o la pintura, la danza o cualquier otra disciplina artística. Steiner quería que los maestros se convirtieran en artistas, y eso - como ya se ha dicho - lleva tiempo. Los Institutos de Formación de Maestros inician a los aspirantes a maestros presentándoles enfoques y técnicas útiles, mostrándoles lo que les espera, incluso les envían a las aulas para que puedan observar y practicar, pero eso nunca será suficiente por sí solo. El sustancial arte de enseñar sólo se aprende en el salón de clases, junto con los alumnos de los que el maestro es responsable y con arduo estudio, además de páctica en casa, apoyado de un mentor experimentado y con un poco de suerte un músico o un artista.

Entrar en un primer grado y saber que estarán juntos durante varios años - aunque no sean los ocho años - marca una enorme diferencia de actitud. Es como un colchón de aire que rodea al maestro y a los niños. *Estamos todos juntos en este viaje.* Y como maestros Waldorf sabemos que el conocimiento que tenemos que impartir es sólo uno, aunque de aspecto significativo. Más importante es cómo les irá a ellos en la vida una vez que salgan de la escuela; en qué medida sus fuerzas de voluntad han sido reforzadas para que sean personas resistentes y autosuficientes. ¿Tendrán fuerzas suficientes para hacer lo que se espera de ellos, lo que esperan de sí mismos? Eso, en parte, dependerá, de las capacidades que hayan adquirido durante su paso por la escuela. Además, ¿cómo verán la vida como tal? Por ejemplo, ¿han desarrollado lo suficiente su sentido de belleza para que puedan aportar belleza - interna y externa – al mundo? La belleza ha sido socavada en la educación convencional, considerada no esencial. La modernidad ha perdido el sentido de la importancia del embellecimiento en el mundo - cómo cambia, eleva, fortalece e inspira a las personas. Además, la auténtica belleza equivale a una fuerza moral dentro de una persona, que iniciará acciones significativas que ayudarán, curarán y mejorarán a las personas. Demasiadas cosas en el mundo causan dolor, hacen la vida más difícil y ponen obstáculos en el camino del progreso.

Hay una historia entrañable contada por René Maikowski, (a quien Rudolf Steiner pidió que enseñara en la pionera Escuela Waldorf de Essen, Alemania), que pone de relieve la relación profunda e intuitiva entre los niños y su maestro titular.

Fue, como él mismo cuenta, una época de gran conflicto colegial en la escuela, y la situación llegó a ser tan grave que Maikowski, después de una reunión del Colegio particularmente difícil, decidió abandonar la escuela. A la mañana siguiente, durante la Clase Principal, un niño de su clase de quinto grado se levantó de repente y dijo; "Señor Maikowski, anoche soñé que usted dejaba la escuela. Si lo hace, voy a llorar tanto que toda la escuela quedará bajo el agua". El resto de la clase inmediatamente se unió, rogándole que se quedara. René Maikowski, que no había comunicado su decisión ni siquiera a un alma, quedó tan asombrado por este arrebato espontáneo que prometió quedarse con ellos hasta octavo grado (después de lo cual se marchó).[104] La relación entre los alumnos y su maestro es mucho más de lo que uno piensa.

Nutrir el sentido de la verdad también lleva tiempo. La bondad, la belleza y la verdad son la esencia de la pedagogía Waldorf, y sus cimientos deben sentarse en los primeros años de la educación del niño, y el maestro titular tiene una tremenda responsabilidad en este sentido. Darles ocho años para construir esos elevados ideales es una bendición pedagógica que no se encuentra en ningún otro sistema educativo hasta ese punto. El 3 de septiembre de 1924 Rudolf Steiner manifestó su intención de dar un ciclo de conferencias sobre los fundamentos morales de la pedagogía Waldorf a finales de mes o en la primera semana de octubre. Ésas fueron las últimas palabras que dirigió a los maestros de Stuttgart. Desgraciadamente, su precaria salud le impidió impartir este curso.[105] Ernst Weissert, en un artículo conmemorativo del 50 aniversario de la Escuela Waldorf de Stuttgart, escribió que poco antes Steiner mencionó cómo la educación debe girar hacia las artes 180 grados (una traducción libre mía).[106] Las artes son una herramienta poderosa para la autotransformación e infunden belleza, significado y vida a la comprensión de cualquier materia. Tenemos que aprender a enseñar de la forma más artística posible para despertar el entusiasmo por aprender de los alumnos.

Las escuelas rurales alemanas (Dorfschulen) también llegaban hasta 8º grado. En muchos aspectos, eran como las "escuelas de una sola habitación" que podíamos encontrar por todas partes en Estados Unidos. Justo abajo cerca de nuestra escuela Waldorf hay un edificio que solía ser una escuela de un solo salón (una noción que me gusta: la idea de que la educación floreció en nuestro "valle feliz" mucho antes de que se creara la escuela Waldorf). Pero el maestro titular es algo totalmente distinto a lo que eran estos maestros rurales. En lugar de llevar una clase a lo largo de los ocho años, enseñaban a todos los grupos de todas las edades en un solo salón. El antiguo sistema se basaba en el aprendizaje de memoria y era muy estricto y limitado. (Laura Ingalls Wilder hace un relato vívido y sincero del estilo de enseñanza en las escuelas de un solo salón a finales de 1800 en su serie *La pequeña casita de la Pradera*).

Las preguntas sobre el ciclo de ocho años de las escuelas Waldorf han existido durante décadas, y cada escuela debería revisarlas periódicamente para ver cómo le va en este sentido. ¿Cómo estamos con el ciclo de ocho años, tanto como escuela, y como movimiento? En muchas de las escuelas en las que se ha reducido el ciclo, los maestros titulares no están necesariamente contentos con las restricciones, incluso los que han optado conscientemente por un ciclo limitado. El reparto de los ocho años entre diferentes maestros se suma a la fragmentación que ya existe en nuestra sociedad actual. También era frecuente en la época de Steiner, pero en menor medida. Va de la mano con la fragmentación del horario, donde las escuelas optan por extender el día, acortar el recreo y añadir más clases. Nuestra época acelerada necesita lo contrario. El hecho de que los niños entren en las escuelas con una gran variedad de "discapacidades", luchan con el TDAH, dificultades del habla, situaciones traumáticas en el hogar, mientras están inundados de medios electrónicos, exige más calma, menos intelectualidad, más tiempo para "jugar" y más tiempo para sumergirse en un tema durante un período de tiempo más largo – que era la idea inicial de la Clase Principal. El maestro titular es el remedio a la fragmentación erosiva.

Los niños se merecen lo mejor, y cualquiera que se tome en serio la educación sabe y siente que hay un componente *sagrado* de la enseñanza. Es un arte sagrado, porque la vida es sagrada, y se hace más visible en los niños. Cuando se avanza hacia la ruptura de la unidad del ciclo de ocho años, estamos perdiendo el "arte sagrado" y la sacralidad del segundo ciclo de siete años. U olvidándolo. Hemos perdido la confianza en la sabiduría de lo sagrado, argumentando elocuentemente por qué necesitamos tener una mini preparatoria antes de la preparatoria. Lo que a menudo se pasa por alto es que después de la Clase Principal los alumnos reciben de todos modos clases impartidas por especialistas, lo que crea un equilibrio fructífero entre el maestro de especialidad y el maestro titular, sobre todo si existe una cultura en la que los maestros trabajan juntos en armonía colegial, lo que puede alcanzarse en las juntas del profesorado o en las discusiones entre maestros tomando un café en los pasillos de la escuela.

Todos los maestros deben mantenerse frescos, vibrantes, entusiastas y comprometidos. Y qué mejor manera de conseguirlo que a través de material nuevo cada año, como ya se ha mencionado anteriormente en el libro. Por lo general, el material nuevo entusiasma a los maestros titulares de grupo.

Sí, me puse ansioso, y hubo elementos que experimenté como una carga, pero mi entusiasmo hizo que la chispa reviviera de la idea de aprender algo nuevo que pudiera transmitir a los alumnos. Es lo que da ímpetu en los pasos de los maestros. Es un rasgo humano natural que cuando algo nos anima, queremos compartir nuestros conocimientos, hablar de ello y hacérselo saber a los demás. Profundizar en nuevas disciplinas estimula nuestra mente e imaginación, nos mantiene jóvenes y nos convierte en personas del Renacimiento. Y qué mejor ejemplo para los alumnos que ver a una persona capaz de hacer e interesarse por tantas disciplinas divergentes - siempre probando, siempre intentando algo nuevo y diferente, siempre esforzándose por hacerlo lo mejor posible. Y fracasando a ratos a medio camino, pero encontrando soluciones, resolviendo problemas, avanzando hacia adelante. El esfuerzo extra que el maestro tiene que invertir será, a su vez, asumido por los alumnos en un grado mucho mayor que si el contenido no hubiera supuesto un reto para el maestro. Ese mismo esfuerzo ayuda a evitar que los maestros se agrien, se vuelvan aburridos y agotados. Nuestra época es tan especializada, y que los niños tengan la experiencia con un maestro que aborda todas las materias - y a menudo con unos conocimientos asombrosos que incluso impresiona a los expertos - es un regalo que vale mucho más que recibirlo por parte de expertos, que quizá no estén tan entusiasmados, que no sean capaces de impartir conocimientos de forma tan animada, o que nunca se hayan esforzado tanto para adquirir sus conocimientos. En este sentido, las palabras de Steiner, también de la conferencia 4 del *Reino de la Infancia*, pueden servir de consuelo:

> Como pueden ver, cuando emprendes una actividad espiritual, siempre debes ser capaz de soportar ser incómodo y torpe. La gente que no puede soportar ser torpe y hacer las cosas estúpida e imperfectamente al principio, nunca serán capaces de hacerlas perfectamente al final por su propio ser interior. Y especialmente en la educación, primero hay que encender en las propias almas lo que luego tienen que hacer por ustedes mismos; pero primero debe encenderse en el alma de ustedes. Si una o dos veces una presentación pictórica de una clase que vean impresiona a los niños, entonces harán un descubrimiento notable sobre ustedes mismos. Verán que se vuelve más fácil inventar tales imágenes, que por grados te vuelves inventivo de una manera que nunca habías soñado. Pero para ello debes tener el valor de estar muy lejos de la perfección.[107]

"Tener el valor de estar muy lejos de la perfección para empezar". ¡Qué afirmación! Es un tipo de valor reconfortante a perseguir. Esto es especialmente cierto para los maestros que se enfrentan a temas con los que no están tan familiarizados, o que exigen habilidades de las que carecen o en las que tienen que trabajar. Declaraciones como la anterior le dan a uno la esperanza de que "Sí, puedo tener éxito si persevero". Alienta a la Sherezade que llevamos dentro. En una fibra similar Steiner afirma en *Equilibrio en la Enseñanza:*

> Habrías enseñado mejor si cada mañana hubieras entrado a tu clase con miedo y temblor, sin mucha confianza en ti mismo. [...] (De eso) depende haber tenido constantemente la sensación de que estás creciendo mientras ayudas a los niños a crecer, la sensación de que estás experimentando en el más alto sentido de la palabra, que en realidad no eres capaz de hacerlo mucho, pero trabajando con los niños crece en ti una cierta capacidad fuerte.[108]

Un maestro titular que tiene que lidiar con un tema, puede encontrar la manera adecuada de transmitir la información y el contenido, por el hecho mismo de que tiene que luchar a través de los mismos pasos. Eso es lo que me ocurrió a mí. Tenía miedo de enseñar ciencias, pero una vez que me adentré en el tema y los fundamentos, estaba más que ansioso por hacer los experimentos con los alumnos, sintiéndome como un mago con mis tubos de ensayo y los mecheros Bunsen. Steiner no veía la necesidad de especialistas durante la primaria porque los alumnos están aún en el segundo ciclo de siete años.

> Tal vez dirás que nunca debes ser un maestro si tienes que presentarte ante los niños de esta manera tan incómoda y embarazosa. Pero aquí, en efecto, la perspectiva antroposófica debe ayudarte a lo largo del camino. Debes decirte a ti mismo: Algo me está llevando kármicamente a los niños para que pueda estar con ellos como maestro, aunque todavía soy torpe. Y aquellos ante quienes me conviene no parecer torpe – aquellos niños - sólo me los encontraré en años posteriores, de nuevo por obra del karma.[109]

En el tercer ciclo de siete años, durante la preparatoria, tenemos a los especialistas que no parecerán torpes e incómodos. Los alumnos también esperan que los maestros sean expertos en sus campos.

Steiner quería que los maestros fueran y se sintieran lo más libres posible para trabajar con el material a su manera muy individualmente. Tenemos que recordar que, como maestros Waldorf, no se trata de proezas intelectuales, se trata de educar a todo el ser humano y de llevar a los alumnos al lugar donde se sientan entusiasmados por aprender.

Cuando los de séptimo grado estudian el Renacimiento, que mejor manera de hacerlo que sea a través de una persona que lo suyo es el Renacimiento – no un especialista – una persona que tenga el valor y la habilidad de abordar y dominar cada materia. Además de transmitirlo de manera más artísticamente posible. Un maestro titular de clase debe desarrollar ser una persona que lo suyo sea el Renacimiento, y para el momento en el que lleguen a séptimo grado habrán cubierto una gran e impresiva parte del terreno académico. El maestro puede hacer referencias con cualquiera de las materias y hacer conexiones porque él habrá enseñado casi todas.

Mira *la Escuela de Atenas de Rafael*: a todos estos grandes innovadores, a esos pioneros quienes están representados discutiendo, conversando y debatiendo el uno con el otro acerca de las más amplias y grandes preguntas de la vida; observa con que dedicación, por ejemplo, Euclides está enseñando a su pequeño grupo de estudiantes en la parte de abajo del lado derecho, con que reverencia y como atentamente están enfocados ellos en las acciones de su querido maestro, como uno de los estudiantes está tocando el hombro de manera tan amorosa a otro de su compañero estudiante: para mí, personifica el ambiente Waldorf. Ese es el espíritu del Renacimiento que conecta las estrellas a la tierra, enlaza el pensamiento con el mundo físico. Platón apunta hasta el mundo divino – un recordatorio de dónde ha venido la humanidad – y la mano de Aristóteles está para abajo hacia el mundo temporal: una representación hermosa y llena de sabiduría del cielo y la tierra. Y son estas mismas conexiones diversas que el maestro titular puede hacer y que un especialista por su parte no podría entretejerlo tan fácilmente.

Durante la primaria menor los niños necesitan ser fortalecidos en cada área. Y encuentran comodidad y confianza en los ritmos que corren a lo largo de cada clase, día y año, hasta que se complete el ciclo de los ocho años. Ellos pueden descansar y confiar en los ritmos conocidos, que no sólo sirven de cimientos fuertes, sino que permiten que haya paredes resistentes y un techo sobre sus cabezas. La escuela se convierte en la casa del aprendizaje - un hogar en el que florece el alma.

Idealmente hablando, saben que el mundo puede ser un lugar bueno y bello. No les expongamos y escandalicemos demasiado pronto con todas las cosas tan monstruosas que ocurren en el mundo, las atrocidades las encontramos en la historia. Los niños pequeños necesitan protección. Eso no significa que los asfixiemos. Nuestro objetivo a largo plazo es fortalecerlos para que puedan salir a lo desconocido a conocer y transformar los elementos feos del mundo, pero se les puede despertar poco a poco, con suavidad. Percival sólo pudo lograr lo que hizo porque creció en la reclusión de Soltane, un niño de la naturaleza, que podía hacer lo que quisiera en su propio paraíso hasta que estuvo listo para ir a lo desconocido. Tuvo tiempo para jugar y aprender a su propio ritmo. Lo mismo ocurría con Buda. Estaba aislado y protegido de la muerte, la pobreza, la fealdad, la vejez y el sufrimiento, hasta que llegó el momento oportuno. El tiempo juega un papel esencial en la vida. Aportar contenidos a los alumnos en el momento oportuno, es una fuente de curación. La enseñanza a la edad adecuada es enseñanza curativa. Cuando les proporcionamos un entorno en el que pueden confiar, conocer y descubrir como algo bello y bueno, entonces los preparamos para enfrentarse a las verdades del mundo, por feas que sean. Tendrán la capacidad y la resiliencia para hacer algo al respecto, para salir al mundo y marcar la diferencia. Y eso es exactamente lo que hacen.

El maestro titular de la clase es un "conocido" importante en esta persona a la que dan la mano todos los días, en la que confían, que los quiere y se preocupa por ellos, incluso mucho después de dejar la escuela. Siempre es un placer reencontrarse con antiguos alumnos, hablar con ellos, saber lo que están haciendo, lo que han hecho - y reflexionar sobre su escolarización, qué funcionó y qué no. En muchos casos, el maestro sustituye a los padres como la persona que traduce el mundo para ellos. Steiner recomendaba que, en la medida de lo posible, el niño estaría mejor quedándose en casa durante los primeros siete años, en la segunda etapa tener un maestro que represente el mundo para ellos, y en la preparatoria tener muchos maestros que les enseñen a pensar, a formarse juicios y a profundizar en su comprensión de la causa y el efecto.

Y, sobre todo, necesitan maestros que los acompañen en

tiempos de crisis. El mero hecho de entrar a la escuela es una forma de crisis para muchos niños, coincidiendo con el cambio de dientes. Para mí definitivamente lo fue (aunque no tuve la fortuna de ir a una escuela Waldorf). Es parte de las leyes de crecimiento.

El tema de la "muerte y el renacimiento", que Goethe siguió conscientemente en su propia vida, corre a través de los ritmos de todas nuestras vidas. En ese sentido, el ser humano nace repetidamente, cada nacimiento precedido de una pequeña muerte, una crisis de crecimiento, cada una de las cuales nos lleva un paso más cerca de nosotros mismos, nuestro destino. Nosotros como maestros las conocemos, nos preparamos para ellas (aunque su vehemencia todavía nos puede tomar por sorpresa).

La siguiente gran crisis llega con el cambio de los 9 años, que es tan importante como la crisis de los 12 años, que es la tercera crisis. El maestro titular sabrá si su grupo está adelantado o retrasado, en términos de desarrollo, y podrá actuar y enseñar de acuerdo con lo que se requiera - lo que no sucedería tan fácilmente de otro modo. Los alumnos de primaria necesitan aún más la continuidad del maestro titular - esa persona que puede comprenderles, a medida que atraviesan las etapas de la pubertad (que aún no es la adolescencia propiamente dicha). Durante la crisis de los 12 años ya tienen suficientes situaciones por las que pasan como para tener que soportar la pérdida de su querido maestro titular.

Es útil recordar que cada fase trae consigo un cambio de conciencia, y el maestro tiene el humilde privilegio de facilitar estos tres grandes cambios: cambio de dientes, cambio de los nueve años, cambio de los 12 años, y luego entregarlos cuando comienza la verdadera adolescencia (cuando la madurez física y psicológica se fusionan) – la cuarta gran crisis. Rudolf Steiner aborda estos puntos en la undécima conferencia de *Los Fundamentos de la Experiencia del Ser Humano*, cuando incita a los maestros a observar a los alumnos detenidamente: cómo se ven con respecto a su crecimiento; entre crecer demasiado "larguiruchos", con demasiado énfasis en la memoria, o demasiado "fornidos", con demasiado énfasis en la imaginación. Lo ideal es encontrar un equilibrio entre ambos.

Por eso es tan importante tener los mismos niños durante todos los años escolares, y el por qué es tan idiota la idea de que los niños tengan un maestro diferente cada año. Sin embargo, esto tiene otra cara. Al comienzo de cada ciclo escolar y al principio de cada periodo de desarrollo (a los siete, nueve y doce años), los maestros van conociendo poco a poco a los niños. Llegan a conocer a los niños que son claramente de tipo imaginativos y reconocen todo, y llegan a conocer a los niños que son claramente del tipo de la memoria, que pueden recordarlo todo. Los maestros también deben familiarizarse con esto.[110]

Sólo en la preparatoria podemos observar el nacimiento de auténticas habilidades de pensamiento crítico, aunque allí también está todavía en su infancia (no de la forma en que "debería ser," - según nociones abstractas, sino como es). A los catorce años, el pensamiento todavía está fuertemente teñido por los sentimientos, y se necesita algún tiempo antes de que se distancie y pueda valerse por sí mismo con pensamiento libre con confianza. Enseñar a los alumnos a pensar con lógica y claridad, basándose en el sentido de la verdad, se hace a lo largo de la preparatoria, paso a paso. A los catorce años comienza a surgir la facultad de pensamiento analítico y crítico. Al igual que la conciencia del alumno de noveno grado, sigue siendo un reto constante para muchas personas en nuestro tiempo, en el que se hacen juicios demasiado precipitados, sin pensar las cosas hasta el último detalle. La gente se forma opiniones desinformadas, tomando partido en cuestiones en las que todo es o blanco o negro, correcto o incorrecto, donde las sutilezas se pierden, y donde los sentimientos nublan fácilmente los juicios. Sin embargo, es lo que hace tan apasionante la enseñanza en la preparatoria - la búsqueda de verdad a través de un pensamiento claro y vivo. El arte y las manualidades apoyan firmemente esto. La legalidad de lo físico que hay que seguir para hacer una caja de cola de milano, o el detallado dibujo de observación de un bodegón, conducen a una relación veraz y correctiva con el mundo. Aunque muchos estudiantes siguen teniendo dificultades para navegar por la vida de su mente, es interesante que sean muy conscientes y perceptivos cuando se trata de pensamientos confusos por parte de los maestros. Sin embargo, con las preguntas e imágenes adecuadas, surgen los pensamientos más inspiradores de vidas pasadas.

Werner Glas, al escribir sobre las conexiones significativas que el maestro titular logra durante ocho años, lo resume sucintamente en cuatro puntos principales:

1. Permite al maestro desarrollar un conocimiento continuo y profundo de sus niños.
2. Establece un vínculo cada vez más cercano en la conexión entre el maestro y los padres.
3. Proporciona al maestro un horizonte más amplio y un desafío mayor. El maestro se enfrenta a una nueva situación cada año y se tiene que adaptar tanto a nuevos materiales, como a nuevas etapas de madurez de sus alumnos, que deben seguir siendo interiormente creativos, y su trabajo profesional le ayuda a crecer en su individualidad.
4. La interrelación entre las materias enseñadas en años anteriores y posteriores añade posibilidades únicas a su tarea. Sabe lo que los niños han experimentado, puede permitir que un tema se olvide y que se vuelva a despertar de otra forma en una fecha posterior, y es capaz de crear muchos puentes entre disciplinas que suelen estar separadas académicamente. De este modo trabaja por la unificación de la experiencia y un sentido de relación en el conocimiento, con la imagen del ser humano como su punto de coordinación.[111]

No existe una escuela Waldorf perfecta, ni un plan de estudios perfecto, ni nada perfecto. Pero existe el esfuerzo por maximizar el potencial pedagógico, y por mantener aquello que se mantiene fiel a nuestra época, la "Era del Alma Consciente", que aún durará un tiempo. Comenzó en 1413 y terminará en 3573. Teniendo esto en cuenta, sin entrar en ninguna profundidad o amplitud, significa que los sellos perdurables de la pedagogía Waldorf no sólo resistirán el paso del tiempo y seguirán siendo relevantes, sino que serán cada vez más necesarias e importantes a medida que los retos de una cultura sana y edificante sigan incrementando.

El ideal es tener desde el jardín de infancia hasta el 12º grado en una sola escuela. Hay una transición natural entre la primera infancia y los grados de primaria y secundaria, y luego otra transición natural entre la secundaria y la preparatoria. Las tres están relacionadas con las distintas fases. Si decidimos conscientemente tratar la primaria como una entidad completamente separada, entonces estaríamos rompiendo el segundo ciclo de siete años, que Steiner siempre vio como una unidad, aunque hay un claro desarrollo dentro de ese segundo ciclo. Además, si los niños no reciben un maestro titular que enseñe todas las Clases Principales restantes, sino sólo unas pocas, entonces no será muy diferente de la experiencia durante la preparatoria. Un maestro "de salón de clase" no podrá sustituir la relación que se tiene entre el alumno y el maestro titular. Nosotros en consecuencia, debilitamos y disminuimos el impacto de la ruptura entre los grados de primaria, secundaria y preparatoria. Debemos recordar que la facultad analítica y crítica sólo se libera en torno a los catorce años, por muy precoces y maduros que parezcan algunos estudiantes. La aparente prematuridad intelectual y física a menudo se produce a expensas de las capacidades del alma, un desarrollo anímico detenido que puede prolongarse hasta los veinte años e incluso más.

Si nos mantenemos fieles a la libertad del maestro titular, entonces el maestro titular también debería tener la libertad de continuar si siente y sabe que puede, y si es reconocido por el resto del profesorado. Por el contrario, el maestro titular también puede llegar a saber que sólo puede llevar a un grupo de clase de forma responsable durante un menor número de años. Y del mismo modo, es prudente revisar una clase y su maestro cada cierto tiempo, ya que siempre hay situaciones y circunstancias que hacen evidente que un maestro titular no debe continuar con un grupo. Todas las preguntas planteadas al principio de este capítulo son legítimas. Existen algunos problemas inherentes al ciclo de ocho años. Asumir un grupo durante este periodo no es para todo el mundo. Es un enorme compromiso, y no debe echarse en cara a quienes elijan impartir un ciclo más corto. A lo largo de los años hemos tenido maestros que han solicitado la enseñanza en equipo. Uno de nuestros hijos tuvo dos maestros titulares durante un año en Suiza que estuvimos viviendo ahí. Se repartían los bloques entre ellos. Y en algunos casos, no es una cuestión de capacidad o competencia en el material, sino de que el maestro no quiere asumir la responsabilidad de un grupo durante tantos años. La devoción de ser un maestro titular no es tan fuerte como solía ser. Muchos maestros tienen intereses fuera de la escuela que quieren perseguir. Esta devoción casi monástica por ser maestro titular cada vez es más rara, sobre todo en comparación con algunos de los pioneros de la pedagogía Waldorf. Por ejemplo, Daniel Johan van Bemmelen y otros de los maestros fundadores de la Escuela Waldorf de Den Haag, en Holanda, al principio no recibían salario, incluso pagaban los materiales de su propio bolsillo.[112] Ese tipo de sacrificio sería raro hoy en día.

Tenemos que prepararnos contra las críticas y saber por qué hacemos lo que hacemos, basándonos en la experiencia. Si sucumbimos a las presiones intelectuales, a la educación apresurada, entonces nos convertimos en parte del sistema. La educación debe seguir siendo libre y formar parte de la vida espiritual libre. Corre el riesgo de perder esa autonomía. El movimiento Waldorf ya tiene suficientes restricciones que provienen desde el exterior, como para que nuestra educación se vea comprometida desde dentro del movimiento. Las escuelas en Gran Bretaña, Holanda y Canadá, por nombrar algunos lugares, tienen que hacer frente a numerosas restricciones externas con sus respectivos gobiernos porque están financiadas en gran medida por el gobierno. Y aquí en Estados Unidos lo vemos siendo invadido rápidamente. ¿Lo desafiamos, o sucumbimos - incluso si no tenemos que hacer?

Si confiamos en especialistas en la primaria, corremos el riesgo de acelerar la fase de pensamiento, sin permitir que el elemento pictórico surta todo su efecto. Y como dijo Francis Edmunds, "La transición de la fantasía pura (imaginación) del niño pequeño al pensamiento abstracto de los últimos años debe ser un proceso suave."[113] Exige rigor artístico en el sentido más amplio y profundo de la palabra, para que podamos sacar adelante el pensamiento claro en los grados superiores, para que la preparatoria sea verdaderamente la coronación de la pedagogía Waldorf del alumno.

El mundo necesita personas que hayan sido educadas en su voluntad, practicado artes y que se hayan convertido muy hábiles con las manos; personas que sean perspicaces, perceptivas y observadoras, además de que puedan penetrar y navegar por la abundancia de mentiras y falsedades del mundo moderno. Si el segundo ciclo de siete años está lleno de actividades armonizadoras, experiencias prácticas impregnadas de realidad, historias imaginativas ricas en contenido del tipo más universal (que inculca la reverencia y el respeto a través de una sana vida social en el aula), y donde cada alumno pueda desarrollar sus dotes únicos, *entonces se habrán puesto unos cimientos sólidos.* Todas estas capacidades fortalecerán, apoyarán y conducirán al autodesarrollo hasta la vejez.

Y qué privilegio es poder pasar ocho años con un maestro titular muy respetado y un grupo de compañeros de clase, aprendiendo y haciendo las cosas más diversas, donde llegan a conocerse tan íntimamente, y aceptar los puntos fuertes y débiles de cada uno. No siempre es un camino fácil, pero ningún camino hacia la libertad lo es. Desde luego que no habrá sido un lugar común. El maestro y los alumnos habrán tenido un viaje maravilloso juntos, que nunca olvidarán. Los alumnos ahora se sienten preparados para enfrentarse a lo que la preparatoria les tiene que ofrecer con un nuevo sentido de independencia. Y como maestro, uno ha recibido una lección memorable de humildad y paciencia.

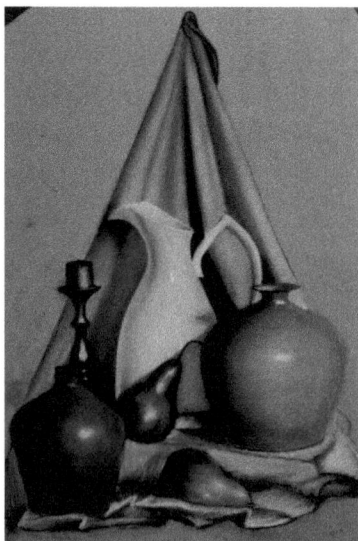

94 Rudolf Steiner, *The Kingdom of Childhood* (Anthroposophic Press, 1995), p.19
95 Francis Edmunds, *And Introduction to Waldorf Education* (Sophia Books, 2004), p. 35
96 Rudolf Steiner, *Discussion with Teachers* (London: Rudolf Steiner Press, 1967), p. 24.
97 Erika Dühnfort, „*Der Klassenlehrer"*, *Soziale Erneuerung als Ursprung und Ziel der Freien Waldorfschule:* (Stuttgart: Verlag Freies Geistesleben, 1969), p. 386.
98 Rudolf Steiner, *Practical Advice to Teachers* (Anthroposophic Press, 2000), p. 84.
99 Ibid. pp. 84-85
100 Rudolf Steiner, *The Kingdom of Childhood* (Anthroposophic Press), 1995, p. 57.
101 Rudolf Steiner, *The Kingdom of Childhood* (Anthroposophic Press, 1995), conferencia 6.
102 L. Francis Edmunds, *Rudolf Steiner Education* (London: Rudolf Steiner Press, 1962).
103 Caroline von Heidebrand, *Der Lehrplan der Freien Waldorfschule* (Stuttgart: Freies Geistesleben, 1975), p. 13-15.
104 René Maikowski, *Schicksalswege auf der Suche nach dem lebendigen Geist.* (Friburgo: Verlag Die Kommenden, 1980 p. 134.
105 Rudolf Steiner pronunció su última conferencia el 28 de septiembre de 1924.
106 Soziale *Erneuerung als Ursprung und Ziel der Freien Waldorfschule: 50 Jahre Pädagogik Rudolf Steiners Festschrift der „Eriehungskunst"*(Verlag Freies Geistesleben, 1969), pág. 134. Geistesleben, 1969), p. 320.
107 Rudolf Steiner, *The Kingdom of Childhood* (Anthroposophic Press, 1995), Conferencia 4, págs. 56-57.
108 Rudolf Steiner, *Balance in Teaching* (Anthroposophic Press, 2007), p. 8.
109 Rudolf Steiner, *The Kingdom of Childhood* (Anthroposophic Press, 1995), p. 57.
110 Rudolf Steiner, *The Foundations of Human Experience* (Anthroposophic Press, 1996), p. 18. Press, 1996), p. 181.
111 Werner Glas, *Speech Education in the Primary Grades of Waldorf Schools.* (Sunbridge College Press, 1974,) p. 11.
112 Frans Lutters, Daniel van Bemmelen: *Wiedergeboren am Beginn des Lichten Zeitalters*, (Verlag am Michaelshof, 2012).
113 Francis Edmunds, *An Introduction to Steiner Education* (Sophia Books, 2004), p. 40.

El Legado de amor Waldorf 100[114]

"¿Dónde está el libro en el que el maestro pueda leer
sobre lo que es la enseñanza? Los propios niños son ese
libro". ~ Rudolf Steiner

LO QUE MÁS LLAMA la atención en este centenario
conmemorativo es observar hasta qué punto la pedagogía
Waldorf se ha expandido y extendido a los rincones más lejanos
del mundo por algunas de las personas más insólitas. En el
lapso de apenas cien años, este movimiento ha crecido desde un
solo semillero en Stuttgart, Alemania, con 252 alumnos, hasta
convertirse en uno de los mayores movimientos de escuelas del
mundo, con más de 1,000 escuelas y 2,000 jardines de infancia en
todo el mundo, con decenas de miles de alumnos.

Cada aniversario puede servir como un momento de Jano,
una oportunidad de mirar hacia atrás, hacer balance y reflexionar
sobre los logros de la pedagogía Waldorf y, al mismo tiempo,
mirar al futuro, a lo que nos puede deparar, a cómo afrontarlo
y darle forma. Waldorf 100 nos permite celebrar y admirar los
asombrosos logros de esta educación única, al mismo tiempo
que nos insta a recordar y volver a la fuente - para ser más
conscientes de los impulsos inaugurales que han contribuido al
innegable éxito del movimiento.

Desde su festiva inauguración el 7 de septiembre de 1919,
la pedagogía Waldorf se construyó sobre los cimientos de un

gran *idealismo*. Waldorf 100 es una llamada de bienvenida para recordarnos los principios fundacionales, que, desde sus inicios, han dado lugar a resultados tan asombrosos. Una mirada más cercana a estos impulsos iniciales revela valores perdurables, confirmando por qué esta educación ha crecido tan rápidamente y ha sido capaz de superar las dificultades más duras y casi insuperables, rompiendo fronteras nacionales, raciales, políticas, religiosas y sociales, para convertirse en un movimiento educativo de alcance universal.

Se necesitó un enorme *coraje y esperanza* para abrir la escuela, tal cual es y como lo hizo en fuerte contraste con el sistema educativo dominante. En la pedagogía Waldorf, Steiner esbozó un enfoque que aportaría soluciones a los grandes problemas sociales de la época (justo después de la Primera Guerra Mundial) y de las venideras. Olvidamos lo radicales que fueron sus ideas en su momento y, de hecho, lo siguen siendo hoy en día, aunque han adquirido nuevas dimensiones y perspectivas en el actual marco cultural, económico y sociopolítico. Pero han arraigado y han demostrado su eficacia muchas veces. En resumen, la pedagogía Waldorf es una educación centrada en el ser humano, basada en el amor: amor por el aprendizaje, amor por la vida, amor por el mundo y amor por el prójimo. El amor es la clave de la esencia de la pedagogía Waldorf.

En ese sentido, era ante todo un impulso social. Steiner subrayaba a menudo la importancia de que las personas se conocieran con *interés*, que es la base del amor. Para el maestro significa reconocer las necesidades de cada niño. Para poder hacer eso, los maestros Waldorf deben profundizar en su comprensión del ser humano, desarrollando así las facultades para "leer" lo que cada niño necesita de acuerdo con su edad y como individuo. Y uno solamente puede conocer de verdad al ser humano si se comprende el mundo. Esto presupone que los maestros siguen aprendiendo a lo largo de su vida.

Otra máxima de la pedagogía Waldorf, subrayada por Rudolf Steiner desde el principio, es que permanece en la vida práctica. Esto es especialmente pertinente en nuestra era digital, dominada por el intelecto en detrimento de otras facultades humanas. Enseñar con la imaginación despierta los sentidos de vida de los niños, que a su vez quiere transformarse en una actividad - encarnar lo que se les ha enseñado. En consecuencia, llegan más fácilmente a una comprensión integral de la materia en cuestión. De este modo todo el ser humano está implicado: cabeza, corazón y extremidades. Sin embargo, esto sólo funciona si la educación está impregnada de lo artístico. Este elemento artístico, alimentado por el entusiasmo, ayuda a que la educación sea alegre. Y si todas las lecciones están impregnadas de verdad, belleza y bondad, los niños prosperarán.

La pedagogía Waldorf es una pedagogía de semillero, en la que todo lo que se enseña tiene la posibilidad de crecimiento. Lo que se olvida no pierde necesariamente su poder de cambiar, metamorfosearse y alimentarse en el futuro. En ese sentido, esta educación es realmente una educación para la vida.

En el 50 aniversario de la pedagogía Waldorf en Stuttgart en 1969, Herbert Hahn dijo que lo que fue cierto para la fundación de la Escuela Waldorf en 1919, seguiría siendo en los cincuenta años siguientes. Estoy convencido de que estos impulsos centrales seguirán manteniendo su valor durante los próximos cien años.

Durante este tiempo festivo, nos corresponde honrar a las personas que nos han precedido: maestros, padres, alumnos y amigos, que han contribuido de algún modo al éxito del movimiento, especialmente Emil Molt y Rudolf Steiner, los fundadores terrenales y espirituales de la pedagogía Waldorf.

Pero incluso mientras celebramos, tenemos que seguir profundizando en nuestra comprensión del mundo y de la humanidad, para conectar con el verdadero y buen espíritu de nuestra época, y así plantar nuevas semillas que puedan florecer a lo largo de los próximos cien años.

Así, en palabras de Rudolf Steiner en el último discurso a los alumnos en Stuttgart, el 30 de abril de 1924, menos de un año antes de su muerte:

> "Adelante, mis queridos alumnos y mis queridos maestros, adelante!"[115]

114 Este artículo apareció por primera vez en el Hawthorne Valley Newsletter, y en el Calendario, https://hawthornevalley.org/waldorf-100-a-legacy-of-love/

115 Berthold Fag, "Grundsteinlegung - Grundsteinspruch". *Soziale Emieuerung als Ursprung und Ziel der Freien Waldorfschule: 50 Jahre Pädagogik Rudolf Steiners Festschrift der „Erziehungskunst"* (Stuttgart: Verlag Freies Geistesleben, 1969), p. 315 (traducción del autor).

Bibliografía

Achebe, Chinua. *The Education of a British-Protected Child: Essars*. New York: Alfred A. Knopf, 2009.

Aeppli, Willi. *The Care and Development of the Human Senses*. Traducido por Valerie Freilich,revisado. Forest Row: Steiner Schools Fellowship Publications, 1993.

Blanning, Nancy. "Foreword." En *The Mood of the Fifth: A Musical Approach To Early Childhood*, editado por Nancy Foster. Spring Valley: WECAN, 2013.

Brass, Reinhild. „Schöpferisches Musizieren—Musik in der Widarschule." En *Erziehen und Heilen durch Musik*, Herausgeben von Gerhard Beilharz. Stuttgart: Verlag Freies Geistesleben, 1989.

Colum, Padraic. "Introduction." En *The Complete Grimm's Fairy Tales*. New York: Pantheon Books, 1972.

Dühnfort, Erika. "Der Klassenlehrer," En *Soziale Erneuerung als Ursprung und Ziel der Freien Waldorfschule: 50 Jahre Pädagogik Rudolf Steiners Festschrift der "Erziehungskunst."* Schriftleitung, Doctor Helmut von Kügelgen, Stuttgart: Verlag Freies Geistesleben, 1969.

Edmunds, Francis. *An Introduction to Steiner Education: The Waldorf School*. Forest Row: Sophia Books, 2004.

Edmunds, Francis. *Rudolf Steiner Education: The Waldorf Impulse*. London: Rudolf Steiner Press, 1962.

Faig, Berthold. „Grundsteinlegung - Grundsteinspruch". *Soziale Erneuerung als Ursprung und Ziel der Freien Waldorfschule: 50 Jahre Pädagogik Rudolf Steiners Festschrift der "Erziehungskunst"*. Stuttgart: Verlag Freies Geistesleben, 1960.

Finser, Torin M. School as a Journey: *The Eight-Year Odyssey of a Waldorf Teacher and his Class*. Anthroposophic Press, 1994.

Friedman, Thomas and MacKillop. *The Copy Book: 202 Mastering Basic Grammar and Style*. New York: Holt, Reinhart and Winston, 1980.

Glass, Werner. *Speech Education in the Primary Grades of*

Waldorf Schools. Sunbridge College Press, 1974.

Glöckler, Michaela. *Truth, Beauty and Goodness: The Future of Education, healing arts and health care*. Hudson, NY: Waldorf Publications, 2019.

Grosse, Rudolf. *Erlebte Pädagogik: Schicksal und Geistesweg*. Dornach: Verlag am Goetheanum,1998.

Heidebrand, Caroline von. *Der Lehrplan der Freien Waldorfschule*. Stuttgart: Freies Geistesleben, 1975.

Hoerner, Wilhelm. *Kosmische Rhythmen im Menschenleben*. Stuttgart: Urachhaus, 1990.

Holdrege, Craig, ed. *The Dynamic Heart and Circulation*. Traducido por by Katherine Creeger. Fair Oaks: AWSNA, 2002.

Jonathan Jansen with Nangamso Koza and Lihlumelo Toyana. *Great South African Teachers: A tribute to South Africa´s great teachers from the people whose lives they have changed*. Johannesburg: Bookstorm and Pan Macmillan, 2011.

Kornberger, Horst. *The Power of Stories: Nurturing Children´s Imagination and Consciousness*. Floris Books, 2008.

Kranich, Ernst Michael. „Die Verbindung des Werdenden Menschen mit den Kräften des Moralischen". En *Moralische Erziehung: Beiträge zur Pädagogik Rudolf Steiners*. Herausgegeben von der Pädagogischen Forschungstelle beim Bund der Freien Waldorfschulen durch Ernst-Michael Kranich. Stuttgart: Verlag Freies Geistesleben, 1994.

Lutters, Frans. Daniel van Bemmelen: *Wiedergeboren am Beginn des Lichten Zeitalters*. Verlag am Michaelshof, 2012.

Maikowski, René. *Schicksalswege auf der Suche nach dem lebendigen Geist*. Freiburg: Verlag Die Kommenden, 1980.

Matthews, Paul. *Words in Place: Reconnecting with Nature Through Creative Writing*. Hawthorne Press, 2007.

Müller, Eric G. *Life Poems for My Students: Birthday and other Verses*. Alkion Press, 2016.

Müller, Heinz. *Healing Forces in the Word and its Rhythms: Report Verses in Rudolf Steiner's Art of Education*. Forest Row: Rudolf Steiner Schools Fellowship Publications, 1983.

Oufkir, Malika, and Michéle Fitoussi. *Stolen Lives: Twenty Years in a Desert Jail*. Traducido por Ros Schwartz. New York: Miramax Books: Hyperion, 2000.

Slezak-Schindler, Christa. *Künstlerisches Sprechen im Schulalter: Grundlegendes für Lehrer und Erzieher.* Stuttgart: Pädagogische Forschungsstelle beim Bund der Freien Waldorf Schulen, 1978.

Steiner, Rudolf. *Discussion with Teachers.* Traducido por Helen Fox. London: Rudolf Steiner Press, 1967.

Steiner, Rudolf. *Rudolf Steiner Konferenzen mit den Lehrern der Freien Waldorfschule in Stuttgart.* Erste Band. GA 300/1. Dornach: Rudolf Steiner Verlag, 1975.

Steiner, Rudolf. *Verses and Meditations.* Traducido por George and Mary Adams. London: Rudolf Steiner Press, 1979.

Steiner, Rudolf. *The Inner Nature of Music and the Experience of Tone.* Traducido por Maria St.Goar. Spring Valley, New York: The Anthroposophic Press, 1983.

Steiner, Rudolf. *Soul Economy and Waldorf Education.* Traducido por Roland Everett. Spring Valley NY: Anthroposophic Press, 1986.

Steiner, Rudolf. *Speech and Drama.* Traducido por Mary Adams. Spring Valley: Anthroposophic Press, 1986.

Steiner Rudolf. *The Spirit of the Waldorf School: Lectures Surrounding the Founding of the First Waldorf School.* Traducido por Robert F. Lathe and Nancy Parsons Whittaker.Anthroposophic Press, 1995.

Steiner, Rudolf. *Kingdom of Childhood.* Traducido por Helen Fox, revisado. Anthroposophic Press, 1995.

Steiner, Rudolf. *The Child's Changing Consciousness: As the Basis of Pedagogical Practice.* Traducido por Roland Everett, revisado. Anthroposophic Press, 1996.

Steiner, Rudolf. *The Foundations of Human Experience.* Traducido por Robert F. Lathe and Nancy Parsons Whittaker. Anthroposophic Press, 1996.

Steiner, Rudolf. "Social Basis for Public Education." Stuttgart, 1 de Junio, 1919. En *Education as a Force for Social Change.* Traducido por Robert F. Lathe and Nancy Parsons Whittaker. Anthroposophic Press, 1997.

Rudolf Steiner, *Faculty Meetings with Rudolf Steiner. Volume 1.* Traducido por Robert Lathe and Nancy Parsons Whittaker. Anthropsophic Press, 1998.

Steiner, Rudolf. *Faculty Meetings with Rudolf Steiner. Volume 2.*

Traducido por Robert Lathe and Nancy Parsons Whittaker.
Anthroposophic Press, 1998.

Steiner, Rudolf. *Practical Advice to Teachers.* Traducido por
Johanna Collis. Anthroposophic Press, 2000.

Steiner, Rudolf. *Human Values in Education: The Foundations in
Waldorf Education.* Traducido por Vera Compton, revised.
Anthroposophic Press, 2004.

Steiner, Rudolf. *Modern Art of Education.* Ilkley, 1923.
Traducido por Jesse Darrel. Anthroposophic Press, 2004.

Steiner, Rudolf. *The Essentials of Education.* London: Rudolf
Steiner Press, 1968.

Steiner, Rudolf. *Balance in Teaching.* Traducido por Ruth Pusch,
revisado. Anthroposophic Press, 2007.

Weißert, Ernst. „Von den Motiven und Lebensphasen der
Schulbewegung." In *Soziale Erneuerung als Ursprung und
Ziel der Freien Waldorfschule: 50 Jahre Pädagogik Rudolf
Steiners Festschrift der „Erziehungskunst."* Verlag Freies
Geistesleben, 1969.

Wiechert, Christof, "Rethinking the Threefold Division of
the Main Lesson." Traducido por John Weedon. Primera
vez publicado en el *Rundbrief* (Revista) en la sección
pedagógica, 2010. (Noticias Waldorf: http://www.
waldorftoday.com/2011/01/rethinking-thetriple-división-
de-la-lección-principalchristof-weichert/).

Agradecimientos

Este libro no habría sido posible escribirlo sin los alumnos a los que he tenido el privilegio de enseñar durante las últimas tres décadas. Las experiencias que he adquirido han sido inestimables para mí en muchos niveles. Lo mismo es válido para los profesores que me enseñaron, los colegas mentores, y los padres y tutores de los alumnos. En este sentido, también estoy muy en deuda con Eugene Waldorf School y Hawthorne Valley Waldorf School.

Quiero agradecer especialmente a mi difunto padre, Willi Müller, que contribuyó sustancialmente a la pedagogía Waldorf en Sudáfrica, Alemania y, sobre todo, en Norteamérica. Él personificó la esencia de lo que significa ser un maestro Waldorf, y le estoy agradecido por todas las conversaciones que pudimos tener sobre educación y cultura como tales.

Me gustaría dar las gracias a Patrick Stolfo y Leif Garbisch por su atenta lectura del libro, sus perspicaces sugerencias, consejos, recomendaciones de edición y palabras de aliento. Gracias a Vanessa Valdez por corregir el borrador final de este libro. Gracias a Marla Tolz por algunas de las fotografías que aparecen en este libro. Gracias también a Ella Manor Lapointe por el diseño y la maquetación de la portada. Agradezco a los estudiantes que me han dado permiso para utilizar algunas de sus ilustraciones en este libro, y espero que los que no he podido identificar estén contentos de aparecer en este libro. Además me gustaría expresar mi más sincero agradecimiento y apreciación a Paola Sánchez Serrano por haber tomado la iniciativa de traducir este libro. Y, como siempre, estoy en deuda con mi esposa, Martina Angela Müller por su incisiva lectura del manuscrito, los comentarios perspicaces y to- das las conversaciones que mantuvimos sobre la pedagogía Waldorf y, en particular, sobre el papel de la Clase Principal. Habiendo asistido a una escuela Waldorf en Alemania desde el jardín de infancia hasta el Abitur (13o grado), fue capaz de evaluar críticamente los contenidos y ofrecer puntos de vista importantes, por lo que le estoy muy agradecido.

ILUSTRACIONES

* Fotos de Marla Tolz

Acerca del autor

Eric G. Müller es director de Formación del Profesorado en Alkion Center, y profesor de humanidades en la Hawthorne Valley Waldorf School, al norte del estado de Nueva York. Nació en Durban, Sudáfrica, estudió Literatura e Historia en la Universidad de Witwatersrand, Johannesburgo. Continuó sus estudios en el Emerson College, Inglaterra, y en el Instituto de Pedagogía Waldorf de Witten-Annen, Alemania, especializándose en educación teatral y musical. Tomó clases a través del ciclo de ocho años en Eugene, Oregón, antes de convertirse en profesor de preparatoria Waldorf. Ha publicado numerosos libros, entre ellos novelas, libros infantiles, poesía y unas memorias.

ericgmuller.com

www.ingramcontent.com/pod-product-compliance
Lightning Source LLC
Chambersburg PA
CBHW052112030426
42335CB00025B/2946